Einleitende Worte

Neben den Tests in den Bereichen Recht (Völker-, Staats- und Europarecht), Geschichte und Wirtschaft beinhaltet das schriftliche Auswahlverfahren für die Aufnahme in den Höheren Dienst beim Auswärtigen Amt einen Test zur Überprüfung Ihres Allgemeinwissens. In diesem Test wird Ihr Wissen aus Kunst und Literatur, Architektur, Film, Musik, Naturwissenschaften, Geografie, Sport, europäische Fragen und sonstigen Gebieten abgefragt. Das Skript nimmt bewusst keine inhaltliche Aufteilung nach Sachgebieten vor, die jeden Rahmen sprengen würde.

Stattdessen haben wir uns für eine Zusammenstellung von 250 Fragen entschieden, denen sich ein guter Überblick darüber entnehmen lässt, welche Wissensgebiete relevant sind und aus welchen Bereichen immer wieder mit Fragen zu rechnen ist. Es handelt sich ausschließlich um Originalfragen aus vorangegangenen Tests. Alte, damals aktuelle Fragen, haben wir entsprechend angepasst und aktualisiert. Die Fragen sind aufgeteilt in 10 Einzeltests mit jeweils 25 Fragen. Dies entspricht der derzeitigen Prüfungspraxis, bei der Sie 25 Fragen mit jeweils vier Antworten erhalten, die im Multiple Choice Verfahren beantwortet werden müssen. Als Bearbeitungszeit stehen Ihnen 15 Minuten zur Verfügung. D.h. Sie müssen konzentriert und genau arbeiten. Zeit zum Überlegen bleibt kaum. Das Multiple Choice Verfahren wurde erst 2002/2003 eingeführt, daher finden Sie vorliegend auch noch Fragen ohne Multiple Choice Antworten aus früheren Tests.

Bei der Durcharbeit des Skriptes empfehlen wir Ihnen, möglichst die Prüfungssituation zu simulieren. Nehmen Sie sich 15 Minuten Zeit für jeden Test und arbeiten Sie die Fragen durch. Die Lösungen finden Sie im Anschluss an den jeweiligen Test. Die Lösungen beinhalten außerdem weitere Lernhinweise zu prüfungsrelevantem Wissen. Entsprechend der aus unseren anderen Lernskripten bewährten Methode, haben wir bei den Lösungen eine Gewichtung des relevanten Wissens vorgenommen. Je mehr schwarze Sterne vorhanden sind, desto relevanter sind die Fakten, die Sie in den Lösungen finden.

Zur Vorbereitung auf den Allgemeinbildungstest empfehlen wir dringend die Lektüre der aktuellen Tagespresse. Sie sollten über die wichtigsten Ereignisse des Jahres und des Vorjahres informiert sein. Es muss mit Fragen zu Jahrestagen, Jubiläen und aktuellen Ereignissen (z.B. aus Sport und Kultur) gerechnet werden. Dennoch kann man feststellen, dass die Fragen über die Jahre immer wieder Schwerpunkte aufweisen: Es werden regelmäßig Stilrichtungen der Kunst und die entsprechenden Künstler abgefragt, der Schwerpunkt liegt dabei auf der Zeit zwischen 1900 und 1933. Eine wichtige Bedeutung haben auch Nobelpreise, der Karlspreis sowie andere Auszeichnungen.

Denken Sie bei der Vorbereitung auf den Test daran, dass es wesentlich auf Ihre Konzentration und auf Ihre Ruhe im Test ankommen wird. Die Fragen behandeln im Großen und Ganzen Themenkomplexe, die man durchaus zum gewöhnlichen Wissen zählen kann. Es wird nur in ganz seltenen Fällen abwegiges Wissen abgefragt. Und kaum jemand wird alle Fragen richtig beantworten können. Machen Sie sich deshalb immer bewusst: Der Test ist lösbar!

Wir empfehlen zur optimalen Vorbereitung auf das Auswahlverfahren unsere weiteren Skripte Recht, Wirtschaft und Geschichte. Bestellen Sie versandkostenfrei über unsere Website www.skripte-aa.de. Für Fragen und Anregungen sind wir jederzeit dankbar. Ebenso würden wir uns freuen, wenn Sie uns direkt nach dem Test beim Auswärtigen Amt eine Email mit den Fragen übersenden würden, an die Sie sich spontan zu allen Testgebieten noch erinnern können. Schicken Sie uns einfach eine Email an info@viaiuris.de.

Für die Prüfung wünschen wir viel Erfolg!

RA Ernst v. Münchhausen
Viaiuris Verlag

Allgemeinwissen
Test 1

Frage 1
Von welchem Herrscher heißt es, dass in seinem Reich die Sonne nicht unterging, und warum?

Frage 2
Welche Philosophen verbinden Sie mit:
a) Sein und Zeit
b) Kritik der reinen Vernunft
c) Phänomenologie des Geistes
d) Politeia
e) Von der Wahrheit
f) Also sprach Zarathustra

Frage 3
a) Wer dichtete wann das *Deutschlandlied*?
b) Wo wurde der Text geschrieben?
c) Wer komponierte die Musik?

Frage 4
Nennen Sie den Autor / die Autorin von:
a) Ilias
b) Les Fleurs du Mal
c) Berlin Alexanderplatz
d) Lolita
e) Schachnovelle
f) Hundert Jahre Einsamkeit

Frage 5
Der Roman *Der Prozeß* und das Romanfragment *Das Schloß* werden als wichtige Werke des literarischen Surrealismus betrachtet. Wer ist der Autor, wo lebte er und welchen bürgerlichen Beruf übte er aus? Geben Sie seine ungefähren Lebensdaten an!

Frage 6
Wer komponierte folgende Opern?
a) Tosca
b) Die verkaufte Braut

c) Zar und Zimmermann
d) Rigoletto
e) Wilhelm Tell
f) Die lustigen Weiber von Windsor
g) Oberon
h) Rusalka

Frage 7
Wer komponierte:
a) Die Hammerklavier-Sonate
b) Die tragische Ouvertüre
c) Die Abschiedssinfonie
d) Die Sinfonie der Tausend
e) Die Wanderer Phantasie
f) Die Revolutions Etüde

Frage 8
Ordnen Sie die folgenden Jazz-Musiker je einer der angegebenen Stilrichtungen zu (Zeichnen Sie Verbindungslinien)!

Charlie Parker	Swing
Albert Ammons	Cool
Miles Davis	Boogie Woogie
Tommy Dorsey	Rag Time
Scott Joplin	Bebop

Frage 9
Welcher Kunstrichtung werden folgende Maler zugeordnet?
a) Max Pechstein
b) Leonardo da Vinci
c) Adolph v. Menzel
d) Anton van Dyck
e) Gustav Klimt
f) Caspar David Friedrich

Frage 10
Nennen Sie drei führende Vertreter der amerikanischen *Moderne*! In welchem Museum finden sich Hauptwerke dieser Kunstrichtung?

Frage 11
Wo befinden sich die nachstehenden Bauwerke?
a) Alcazar
b) Hagia Sophia
c) Hradschin
d) Winterpalais
e) Albertinum
f) Walhalla

Frage 12
Wer sind die Regisseure der folgenden Filme?
a) Citizen Kane
b) Jules und Jim
c) Satyricon
d) Die Sehnsucht der Veronika Voss
e) Metropolis
f) Danton

Frage 13
Welche Verdienste verbinden Sie mit folgenden Preisen? Wer vergibt sie?
a) Pulitzer
b) Grimme
c) Karlspreis
d) César

Frage 14
Wer gilt als Erfinder/Entdecker der/des:
a) Glühlampe
b) Penicillin
c) Kernspaltung
d) Fotografie
e) Dampfmaschine

Frage 15
Nennen Sie fünf Deutsche, die mit dem Nobelpreis ausgezeichnet wurden, und geben Sie an, in welchem Bereich ihnen diese Auszeichnung verliehen wurde!

Frage 16
In welchen Ländern könnten Sie folgende Berge besteigen:
a) Kilimandscharo
b) Mount Everest
c) Pinatubo
d) Nanga Parbat
e) Fujiyama

Frage 17
An welche Länder grenzt Afghanistan?

Frage 18
Nennen Sie die drei am weitesten verbreiteten Religionen (Reihenfolge)!

Frage 19
a) Wieviele Ausländer leben in Deutschland?
b) Welches sind die drei nach dem Herkunftsland größten Gruppen?
c) Welche deutsche Großstadt hat den höchsten Ausländeranteil (im Verhältnis zur Wohnbevölkerung)?

Frage 20
Wie heißen die Regierungschefs von:
a) China
b) Niederlande
c) Österreich
d) Großbritannien

Frage 21
Wer waren/sind folgende berühmte Frauen? Geben Sie ungefähre Lebensdaten an!
a) Marie Curie
b) Golda Meir
c) Bertha von Suttner
d) Toni Morrison
e) Kiri te Kanawa

Frage 22
Wie heißen folgende Städte / Länder heute?
a) Stanleyville
b) Birma
c) Leopoldville
d) Bombay
e) Swerdlowsk
f) Konstantinopel

Frage 23
Wofür stehen folgende Abkürzungen?
a) WWW
b) HDTV
c) SFOR
d) FAO
e) GPS
f) ISDN

Frage 24
Welchen Sportarten würden Sie folgende Sportler zuordnen?
a) Lars Riedel
b) Thomas Haas
c) Axel Schulz
d) Jens Jeremies
e) Heike Drechsler
f) Jan Ullrich

Frage 25
Nennen Sie die Hauptstädte der neuen Bundesländer und die in ihnen regierenden Ministerpräsidenten!

Lösungen Test 1

Frage 1
Karl V. (1519-56), Enkel Kaiser Maximilians I. (des sog. *letzten Ritters*). Der letzte Stauferkaiser; 1516 fällt ihm der span. Thron zu und damit ein riesiges Kolonialreich (Südamerika).
Wichtige Ereignisse seiner Regierungszeit: *Edikt von Worms* gegen Luther (1521) und *Augsburger Religionsfriede* von 1555 (Religionsfreiheit nach dem Grundsatz **Cuius regio eius religio**, die Untertanen bekommen die Religionszugehörigkeit ihres Herrschers)

Frage 2
a) Den Philosophen Martin Heidegger (1889–1976)
b) Immanuel Kant (1724–1804), lebte in Königsberg.
Grundlegend ist Kants **kategorischer Imperativ**: *Handle so, dass die Maxime Deines Willens jederzeit zugleich als Prinzip einer allgemeinen Gesetzgebung gelten könnte.*
Wichtige Werke: *Kritik der praktischen Vernunft, Metaphysik der Sitten*
c) Den sog. preuß. Staatsphilosophen Georg Wilhelm Friedrich Hegel (1770–1831). **Marx meinte, er habe Hegels Dialektik vom Kopf auf die Füße gestellt.**
Hegel hatte bereits Ansätze zu einer Dialektik der Klassengegensätze (Kumulation der Reichtümer auf der einen, Verarmung auf der anderen Seite). Er sah die Lösung jedoch nicht in einer Revolution, sondern in der Evolution als Aufgabe des Staates.
Wichtiges Werk: *Grundlinien der Philosophie des Rechts*
d) Den griech. Philosophen Platon (427–347 v. Chr.), wichtiges Werk: *Nomoi* (Gesetze)
Politeia ist der Entwurf eines Staates, in *Nomoi* findet sich der Entwurf eines zweitbesten Staates.
e) Den Philosophen Karl Jaspers (1883–1969)
f) Den Philosophen Friedrich Nietzsche (1844–1900).
Also sprach Zarathustra vertont von Richard Strauss (sinfonische Dichtung).
Wichtige Werke: *Der Antichrist, Ecce Homo*

Frage 3
a) August Heinrich Hoffmann v. Fallersleben (1798–1874), 1841 gedichtet
b) In Helgoland
   Exkurs: Helgoland gehörte damals zu Großbritannien (bis 1890 – Helgoland-Sansibar Vertrag)
c) Die Musik der Nationalhymne wurde von Joseph Haydn (Österreich) komponiert, das sog. *Kaiserquartett*
   Exkurs: Die Musik zur ehemaligen Nationalhymne der DDR wurde von Hanns Eisler komponiert, der Text von Johannes R. Becher geschrieben.

Frage 4
a) Homer (8. Jhdt. v. Chr.), Ilias über den trojanischen Krieg, <u>wichtiges Werk:</u> *Odyssee*
b) Charles Baudelaire (1821-67)
c) Alfred Döblin (1878–1957)
d) Vladimir Nabokov (1899–1977)
e) Stefan Zweig (1881–1942 Selbstmord im brasil. Exil), <u>Wichtige Werke:</u> *Sternstunden der Menschheit, Maria Stuart, Ungeduld des Herzens* (sein einziger Roman)
f) Gabriel Garcia Marquez, kolumbian. Schriftsteller, 1982 Nobelpreis für Literatur für diesen Roman; <u>Wichtige Werke:</u> *Die Liebe in den Zeiten der Cholera, Chronik eines angekündigten Todes*

Frage 5
Franz Kafka (1883–1924), lebte in Prag, Jurist bei der Arbeiter-Unfall-Versicherungs-Anstalt, <u>Wichtige Erzählungen:</u> *Die Verwandlung, Das Urteil*

Frage 6
a) Giacomo Puccini (1858–1924), <u>Wichtige Opern:</u> *La Bohème, Turandot, Manon Lescaut* (basierend auf dem gleichnamigen Roman von Abbé Prévost), *Madame Butterfly*
b) Bedrich Smetana (1824–84), tschech.

Nationalkomponist. Von ihm stammt der Zyklus **Ma Vlast** (Mein Vaterland) mit dem bekannten Stück **Die Moldau**
c) Albert Lortzing (1801–51), wichtige Oper: Der Wildschütz
d) Guiseppe Verdi (1813-1901), wichtige Opern: Nabucco, Il Trovatore (Der Troubadour), La Traviata, Un ballo in maschera (Ein Maskenball), Aida, Don Carlos, Othello
Exkurs: Aida war ein Auftragswerk zur Eröffnung des **Suezkanals** (1869). Wegen der verspäteten Fertigstellung des Werks wurde Rigoletto gespielt und Aida erst 1871 in Kairo uraufgeführt.
e) Gioacchino Rossini (1792–1868), wichtige Oper: Der Barbier von Sevilla
Exkurs: Wilhelm Tell ist Schweizer Nationalheld. Von Schiller auf die Bühne gebracht. Tell soll 1315 in der Schlacht bei Moorgarten (zwischen den Schweizer Eidgenossen und den Habsburgern zu Beginn der Unabhängigkeitskriege) gekämpft haben.
f) Otto Nicolai (1810–49)
Exkurs: Windsor heißt seit 1917 das **brit. Königshaus**, benannt nach der Residenz der Könige, davor Sachsen-Coburg-Gotha
g) Carl Maria v. Weber (1786–1826), wichtige Oper: Der Freischütz
h) Antonin Dvorak (1841–1904), tschech. Komponist, wichtiges Werk: Sinfonie Nr. 9 Aus der Neuen Welt

★★★★ **Frage 7**
a) Ludwig van Beethoven (1770-1827), geb. in Bonn, gest. in Wien, **Hauptvertreter der Wiener Klassik**, wichtige Werke: 9 Sinfonien, davon die 3. Sinfonie (Eroica, ursprünglich zu Ehren Napoleon Bonapartes), die 6. Sinfonie (Pastorale) und die 9. Sinfonie mit dem Schlusschor Ode an die Freude, gedichtet von Schiller (als Hymne der Europäischen Union arrangiert von Herbert von Karajan), wichtige Klaviersonaten: Mondscheinsonate, Appassionata, Pathetique, Waldsteinsonate, **einzige Oper: Fidelio**
b) Johannes Brahms (1833-97), wichtiges Werk: Ein

deutsches Requiem, Schicksalslied, Akademische Festouvertüre
c) Joseph Haydn (1732–1809), wichtige Werke: Die Schöpfung, Sinfonie mit dem Paukenschlag
d) Gustav Mahler (1860–1911), wichtige Werke: Lieder aus des Knaben Wunderhorn (Gedichtsammlung von Clemens v. Brentano und Achim v. Arnim), Lieder eines fahrenden Gesellen, Rückertlieder, Kindertotenlieder, Das Lied von der Erde, Auferstehungssinfonie
Exkurs: Verheiratet mit **Alma Mahler-Werfel**, die anschließend mit Oskar Kokoschka liiert sowie mit **Walter Gropius** (Architekt, Begründer des Bauhauses, wichtiges Werk: Bauhaus Dessau) und **Franz Werfel** (1890–1945, Schriftsteller des Expressionismus, wichtiges Werk: Die vierzig Tage des Musa Dagh) verheiratet war.
e) Schubert (1797-1828), wichtige Werke: 8 Sinfonien (darunter die 7. Sinfonie, die sog. Unvollendete), Der Tod des Mädchens, Forellenquintett, Zyklus Die Winterreise, Die schöne Müllerin, Die Forelle
f) Frédéric Chopin (1810–49), poln. Komponist, Verbindung mit George Sand Gustav Mahler

Frage 8
Parker – Bebop; Ammons – Boogie Woogie; Davis – Cool; Dorsey – Swing; Joplin – Rag Time

Frage 9
a) Max Pechstein (1881–1955), Maler d. Expressionismus (frühes 20. Jhdt.)
Exkurs Expressionismus:
Architektur (berühmte Vertreter): Poelzig, Taut, Scharoun, Mendelsohn, Behrens
Malerei (berühmte Vertreter): Cézanne, van Gogh, Gauguin, Matisse, Munch, Hodler sowie die Vertreter der Brücke und des blauen Reiters
Bildhauerei (berühmte Vertreter): Lehmbruck, Barlach
b) Leonardo da Vinci (1452–1519), Maler der Renaissance, Allroundgenie, Entwürfe von

Fluggeräten und anderer technischer Geräte, benutzte die Spiegelschrift, wichtige Bilder: *Mona Lisa* (Louvre), *Das Abendmahl*,
Exkurs Renaissance: (Wiedergeburt der Antike), Zeit zwischen 1350 und Anfang des 16. Jhdt., Wechselbeziehung zum Humanismus, der die wissenschaftlich-geistige Bewegung der Zeit bezeichnet. In der Dichtung der Renaissance berühmt z.b. Petrarca, Rabelais, Chaucer, Boccaccio, **Dante – Die göttliche Komödie**. In der Kunst löste die Renaissance bereits Mitte des 15. Jhdt. die Gotik ab, ab 1520 Spätrenaissance (auch **Manierismus**). Berühmte Vertreter der Malerei: Giotto, Piero della Francesca, Raffael, **Michelangelo**, Bellini
c) Adolph v. Menzel (1815–1905), Maler d. Realis-mus, Stilrichtung der Malerei in der Mitte des 19. Jhdt. wichtige Vertreter: Courbet, Blechen
d) Anton van Dyck (1599–1641), Barockmaler, insbes. Porträts (Hofmaler **Charles I.**, engl. König 1625–49, strebte Versöhnung mit der kath. Kirche an, 1628 Petition of Rights, ab 1642 Bürgerkrieg, auf Betreiben Oliver Cromwells hingerichtet)
Exkurs Barock: Kunstrichtung des 17. Jhdts, wichtige Vertreter der Architektur: Bernini, Palladio, Schlüter
Wichtige Vertreter der Malerei: Caravaggio, Rubens, van Dyck, Rembrandt, Hals, Ruisdael, Vermeer, Velázquez, Murillo
e) Gustav Klimt (1862–1918), Mitbegründer der *Wiener Secession*, Maler des Jugendstil, wichtiges Werk: *Der Kuß*
Exkurs Jugendstil: Kunstrichtung beginnend Ende des 19. Jhdts. bis ca. 1914 (Bezeichnung in Frankreich: Art Nouveau, in Österreich: Sezessionsstil), wichtiger Vertreter: Henry van de Velde (Architektur)
f) Caspar David Friedrich (1774–1840), Maler der Romantik, insbes. Landschaften, wichtiges Werk: *Der einsame Baum*
Exkurs Romantik: geistes- und stilgeschichtliche

Epoche, die Anfang des 19. Jhdts. Aufklärung und Klassizismus ablöste, wichtige Vertreter außerhalb der Malerei: Schelling, Schleiermacher, Schlegel, Eichendorff, Novalis
Exkurs: Begründung der germanistischen Sprachwissenschaft durch die **Gebrüder Grimm.** Übersetzung der Werke Shakespeares durch Schlegel und Tieck.

Frage 10
a) Roy Lichtenstein (1923–97), neben Andy Warhol der bekannteste Vertreter der Pop Art, seine Bilder sind Comics angelehnt. 1995 Kyotopreis
Exkurs: Der **Kyotopreis** wird seit 1985 jährlich für Verdienste um Wissenschaft und Kultur in Kyoto (Japan) verliehen.
b) Man Ray (1890–1976), Maler und Photograph, entwickelte sog. Photogramme (Rayographs). Wird dem Dadaismus und Surrealismus zugerechnet
Exkurs: Dadaismus, ab 1916 u.a. von dem Bildhauer Hans Arp entwickelt. Wichtige Vertreter: Marcel Duchamp (Mitbegründer der sog. *Konzeptkunst*), **Max Ernst, George Grosz** (auch Vertreter der *Neuen Sachlichkeit*, berühmtes Werk: *Stützen der Gesellschaft*), Raul Haussmann, John Heartfield (berühmt als Fotomontagekünstler), Hannah Höch (insbes. Collagekunst), Kurt Schwitters (mit seiner sog. *Merzkunst*)
Exkurs: Surrealismus, u.a. von dem Dichter André Breton entwickelt (surrealistische Manifeste von 1924). Wichtige Vertreter: Louis Arragon (als Schriftsteller Vertreter des sozialist. Realismus), Luis Bunuel (Produzent und Regisseur, *Der Würgeengel, Belle de Jour* u.a.), Giorgio di Chirico, **Salvador Dalí** (wichtiges Werk: *Die brennende Giraffe*), René Magritte (wichtiges Werk: *Der Mann mit der Melone*), Joan Miró, Jacques Prévert (Autor, Drehbuch u.a. für den Film *Kinder des Olymp* von Marcel Carné)
c) Andy Warhol (1928–87), bekanntester Vertreter der Pop Art. Wichtige Werke: *Campbell's Soups,*

Marilyn, Elvis
d) Jasper Johns (geb. 1930)
Hauptwerke dieser Kunstrichtung befinden sich im Metropolitan Museum of Art in New York
Weitere wichtige Vertreter amerikan. Kunst: Frank Lloyd Wright (Architekt, u.a. Guggenheim Museum in NY), **Jackson Pollock** (Mitbegründer des *Action Painting* und Vertreter des abstrakten Expressionismus, wichtiges Werk: *No.5*), Willem de Kooning (Vertreter des Abstrakten Expressionismus), **Mark Rothko** (Abstrakter Expressionismus und Farbfeldmalerei), Edward Hopper (Realistische Malerei). Robert Rauschenberg (Pop Art), Frank O. Gehry (aus Kanada stammender Architekt, *wichtige Bauten:* Guggenheim Museum Bilbao, Vitra Design Museum Weil)

Frage 11
a) Palast in Sevilla. Zu unterscheiden von dem Gefängnis Alcatraz in der Bucht vor San Francisco (mit seinem Häftling Al Capone). Nicht zu verwechseln mit der **Alhambra**, dem maurischen Palast in Granada
b) In Istanbul. Als **Sophienkirche** christl. Hauptkirche des byzantinischen Reichs. Seit der Eroberung Konstantinopels durch die Türken im Jahre 1453 Moschee.
Exkurs: Istanbul (früher Byzanz, dann Konstantinopel). Bis **1453** Hauptstadt des oströmischen., byzantin. Reiches. Benannt nach Kaiser Konstantin I. dem Großen. Ab 1453 als Istanbul Hauptstadt des osman. Reichs (offiziell bis 1930 Konstantinopel).
c) Die Prager Burg
Exkurs: Prag, **erste dt. Universität** seit 1348. Heidelberger Uni seit 1385. Die ältesten Universitäten: Bologna 1088, Paris 1150, Oxford 1167, Cambridge 1209.
d) Ehemaliger Zarenpalast in St. Petersburg, beherbergt jetzt die Eremitage.
Exkurs: Die Sommerresidenz der Zaren befand sich

in Zarskoje Selo (jetzt Puschkin).
St. Petersburg gegründet 1703 durch Peter I. den Großen. Dort Startschuss für die Oktoberrevolution durch den Kreuzer *Aurora*, Zentrum des Aufstands der nahe Hafen von Kronstadt (**Kronstädter Matrosenaufstand**), 900 Tage Belagerung im 2. WK durch deutsche Truppen.

e) In Dresden
   Exkurs: Wichtige Gebäude und Museen in Dresden – Schloss, Semperoper, Zwinger, Frauenkirche (Wiederaufbau und Wiedereröffnung 2005), Grünes Gewölbe. Aktuelles Problem **Waldschlösschenbrücke**: Neubau der Brücke könnte zum Verlust des Status des Dresdner Elbtals als Weltkulturerbe führen.
f) Ruhmeshalle mit berühmten Deutschen in Donaustauf bei Regensburg, erbaut im Auftrag Ludwigs I.

Frage 12
a) Orson Welles, auch die Hauptrolle, wichtiger Film: *Der dritte Mann*
b) Francois Truffaut, in der Hauptrolle Jeanne Moreau, wichtige Filme: *Fahrenheit 451, Die letzte Metro* (Catherine Deneuve, Gérard Depardieu)
c) Federico Fellini, wichtige Filme: *La Strada* (Anthony Quinn), *Roma, Amarcord, Stadt der Frauen* (Marcello Mastroianni), *Ginger und Fred* (Marcello Mastroianni, Friedrich von Thun)
d) Rainer Werner Fassbinder, wichtiger Vertreter des **Neuen Deutschen Films** (oder auch Autorenfilms) neben Werner Herzog (wichtige Filme: *Fitzcarraldo, Cobra Verde, Aguirre der Zorn Gottes, Woyzeck, Nosferatu.* Alle Filme mit Klaus Kinski in der Hauptrolle), Alexander Kluge (wichtiger Film: *Deutschland im Herbst* zusammen mit Edgar Reitz), **Volker Schlöndorff** (*Die verlorene Ehre der Katharina Blum* nach Böll, *Die Blechtrommel* nach Grass und *Homo Faber* nach Frisch), **Wim Wenders** (*Hammett, Paris Texas, Der Himmel über Berlin, Buena Vista Social Club, The Million Dollar*

Hotel), und Werner Schroeter
<u>Weitere wichtige Filme Fassbinders:</u> *Die bitteren Tränen der Petra von Kant, Angst essen Seele auf, Effi Briest, Die Ehe der Maria Braun, Lili Marleen, Die Sehnsucht der Veronika Voss*
e) Fritz Lang (1890–1976), <u>wichtige Filme:</u> *M – eine Stadt sucht einen Mörder, Der Tiger von Eschnapur, Dr. Mabuse*
f) Andrzej Wajda

Frage 13
a) Herausragende journalist., literar. oder musikal. Leistungen, vergeben von der New Yorker Columbia University, <u>wichtige Preisträger:</u> Philip Roth, John Updike, Toni Morrison, Alex Haley
b) Fernsehpreis des Adolf-Grimme-Instituts in Marl
c) Herausragende Verdienste um die europäische Einheit, Stadt Aachen
d) Nationaler Filmpreis Frankreichs, vergeben durch die Akademie für Filmkunst und Kinotechnik, Paris

★☆☆☆ **Frage 14**
a) Der Amerikaner Thomas Edison (1847–1931)
b) Der Engländer Alexander Fleming (1881–1955), Nobelpreis für Medizin 1945
c) Der Deutsche Otto Hahn (1879–1968), Nobelpreis 1944
d) Der Franzose Louis Daguerre (1787–1851)
e) Der Engländer James Watt (1736–1819)

★★★★ **Frage 15**
u. a.
C.W. Röntgen, M. Planck, A. Einstein, G. Hertz (alle Physik), O. Hahn (Chemie), R. Koch, P. Ehrlich (beide Medizin), G. Hauptmann, T. Mann, H. Böll, Günter Grass (alle Literatur), G. Stresemann, W. Brandt (beide Frieden), R. Selten (Wirtschaftswissenschaften)
Zuletzt 2007: Gerhard Ertl (Chemie) und Peter Grünberg (Physik)

Frage 16 ★☆☆☆
a) Tansania (5.398 m),
   Exkurs: Von 1902-18 Kaiser-Wilhelm-Spitze. Damals war Tansania die Kolonie **Deutsch-Ostafrika** (zusammen mit Burundi und Ruanda)
b) Nepal (8.848 m), Erstbesteigung 1953 durch Hilary und Norgay
c) Vulkan auf den Philippinen (1.486 m), verheerender Ausbruch 1991 (vergleichbar dem Ausbruch des indonesischen **Krakatau** 1853)
d) Pakistan (Kashmir, 8.125 m), Erstbesteigung 1953 durch Hermann Buhl, gilt als **Schicksalsberg der Deutschen** wegen der vielen dt. Besteigungen und Todesfälle
e) Japan (3776 m), heiliger Berg des Shintoismus
   Exkurs: Shintoismus ist die Hauptreligion in Japan mit dem Tenno, dem japan. Kaiser, als Oberhaupt. Verehrungsstätten sind die Shinto Schreine.

Frage 17 ★★☆☆
China, Turkmenistan, Usbekistan, Tadschikistan, Pakistan, Iran

Frage 18 ★☆☆☆
Christentum (2,1 Mrd), Islam (1,3 Mrd.), Hinduismus (851 Mio.), Buddhismus (376 Mio.)
Exkurs: In Deutschland halten sich die Konfessionslosen (28 Mio.) mit den Katholiken und Protestanten (jeweils ca. 26 Mio.) ungefähr die Waage. Zum Islam bekennen sich 3 Mio.

Frage 19 ★★★☆
a) 7,3 Mio. Ausl. (mit ausschließl. ausländ. Staatsangehörigkeit), 15,1 Mio. Menschen mit Migrationshintergrund (per 31.12.2006)
b) Die drei größten Gruppen: Türken (1,7 Mio.), ehemal. Jugoslawien (710 Tsd.), Italiener (528 Tsd.), Griechen (295 Tsd.) (per 31.12.2006)
c) Stadt mit dem höchsten Ausländeranteil: Offenbach a. M. (ca. 31%), gefolgt von Frankfurt a. M. (ca. 26 %) (per 31.12.2006)

Frage 20
a) Wen Jiabao
b) Jan Peter Balkenende
c) Alfred Gusenbauer
d) Gordon Brown (vorher Finanzminister unter Blair)

Frage 21
a) Curie, frz. Chemikerin (1867-1934), Forschungen auf dem Gebiet der Radioaktivität, bisher die **einzige Frau, die den Nobelpreis zweimal erhielt** (1903 in Physik zusammen mit ihrem Ehemann, 1911 in Chemie), ihre Tochter erhielt 1935 ebenfalls den Nobelpreis für Chemie
b) Meir, Außenministerin und 1969–74 Premierministerin Israels
c) v. Suttner, österr. Pazifistin und Schriftstellerin (1843–1914), 1905 Friedensnobelpreis
d) Morrison, afroamerik. Schriftstellerin, 1993 Nobelpreis für Literatur (wichtiges Werk: *Beloved*)
e) te Kanawa, neuseeländ. Sopranistin

Frage 22
a) Kisangani, Stadt im Kongo
Exkurs: Ehemalige belg. Kolonie, Unabhängigkeit 1960 mit dem Präsidenten **Lumumba**, Putsch durch **Mobutu**, 1997 Sturz durch Kabila, dessen Sohn anschließend die Macht übernahm
b) Myanmar
Exkurs: Hauptstadt bis 2005 **Rangun**, dann Pyinmana (jetzt umbenannt in Naypyidaw), seit 1962 Militärdiktatur
c) Kinshasa, Hauptstadt des Kongo
d) Mumbai (Indien), bevölkerungsreichste Stadt der Welt (im Kern 13,7 Mio. Einwohner)
e) Jekaterinburg (Russland), hier ermordeten 1918 die Bolschewiki den Zaren und seine Familie
f) Istanbul (Türkei), in der Antike Byzanz

Frage 23
a) World Wide Web
b) High Definition Television

c) Stabilization Force, NATO Schutztruppe für Bosnien und Herzegowina seit 1996. Nachfolger der IFOR (Peace Implementation Force). Einsatz auf Grundlage des **Dayton Vertrages** von 1995.
d) Food and Agriculture Organization (der UN)
e) Global Positioning System. GPS ist ein amerikanisches System. Die EU beschloss 2002 den Aufbau eines eigenen Systems unter dem Namen **Galileo**
f) Inter Services Data Network

Frage 24 ★☆☆☆
a) Diskuswerfen
b) Tennis
c) Boxen (Schwergewicht)
d) Fussball
e) Weitsprung
f) Radfahren (Tour de France Gewinn 1997 als erster und bislang einziger Deutscher), wegen Verdachts auf Eigenblutdoping (Dopingarzt Fuentes) zurückgetreten.
Exkurs: Die Substanz **EPO** (Erythropoetin) wurde als Radfahrerdroge berühmt, umfangreiche Dopinggeständnisse 2007 (u.a. von Erik Zabel und dem ehemaligen Toursieger Bjarne Ries)

Frage 25 ★☆☆☆
Dresden (Sachsen), Ministerpräsident Milbradt, Erfurt (Thüringen), Ministerpräsident Althaus, Magdeburg (Sachsen-Anhalt), Ministerpräsident Böhmer, Potsdam (Brandenburg), Ministerpräsident Platzeck, Schwerin (Mecklenb.-Vorpommern), Ministerpräsident Ringstorff

Allgemeinwissen
Test 2

Frage 1
Von welchem Architekten stammt in Berlin:
a) der Umbau des Reichstages
b) das Bundeskanzleramt
c) das jüdische Museum
d) das Gesamtkonzept für die Bebauung des Potsdamer Platzes

Frage 2
Wer ist der letztjährige Träger des Karlspreises und vom wem wird der Preis verliehen?

Frage 3
Nennen Sie jeweils den Regisseur der folgenden Filme:
a) Fitzcarraldo
b) Metropolis
c) Buena Vista Social Club
d) Pulp Fiction
e) Der diskrete Charme der Bourgeoisie
f) Tod in Venedig

Frage 4
Von wem stammen folgende Werke?
a) Elf Thesen über Feuerbach
b) Der Gesellschaftsvertrag
c) Das Sein und das Nichts
d) Phänomenologie des Geistes
e) Kritik der reinen Vernunft
f) Candide

Frage 5
Welche literarische Epoche bringen Sie mit folgenden Autoren/Autorinnen in Verbindung?
a) Emile Zola
b) Andreas Gryphius
c) Gottfried Benn
d) Bettina v. Arnim
e) Charles Dickens

f) Paul Verlaine

Frage 6
Mit welchen Staaten hat Afghanistan eine gemeinsame Grenze?   Pak, Iran,

Frage 7
In welchen Staaten liegen diese Berge:
a) Ararat
b) Popocatepetl
c) Ortler   AuT
d) Fujiyama   Japan
e) Chimborazo
f) Montblanc   Frankr

Frage 8
Welche ist die vorherrschende Sprache in folgenden Ländern?
a) Iran   Farsi
b) Taiwan   Taiwan.
c) Haiti   Französ.
d) Tansania
e) Irak   arabisch
f) Thailand   Thai

Frage 9
a) In welcher Stadt und wann fand die letzte Weltausstellung in Deutschland statt?   Expo, Hann. 2008?
b) Wann und wo wird die nächste Weltausstellung stattfinden?

Frage 10
Von welchen Komponisten stammen folgende Werke?
a) Elias   Bartholdy
b) Forellenquintett   Schubert
c) Take Five
d) Dreigroschenoper   Weill, Puccini
e) Tosca
f) Nabucco   Verdi

Frage 11
a) Welche Institutionen waren an der Entscheidung über ein Holocaust-Mahnmal in Berlin beteiligt?
b) Wessen Entwurf wurde vom Bundestag beschlossen?

Frage 12
Nennen Sie so genau wie möglich die aktuellen Einwohnerzahlen der folgenden deutschen Großstädte:
a) Frankfurt
b) Berlin
c) Hamburg
d) Dresden

Frage 13
Bitte ordnen Sie die folgenden Song-Titel den entsprechenden Interpreten zu:
a) Smoke on the water
b) Wish you were here
c) A hard day's night
d) Mrs. Robinson
e) Marleen
f) The logical song

Frage 14
Nennen Sie die Autoren/Autorinnen der folgenden Werke:
a) Fabian
b) Die Geschwister Oppermann
c) Das Geisterhaus
d) Simplicius Simplicissimus
e) Berlin Alexanderplatz
f) Schuld und Sühne (Raskolnikow)

Frage 15
Mit welchen Naturwissenschaften bringen Sie folgende Namen in Verbindung? In welchem Bereich liegen ihre größten Verdienste?
a) Max Planck
b) Wilhelm Conrad Röntgen
c) Dimitrij Mendelejew

d) Charles Darwin
e) Johannes Kepler
f) Sir Alexander Flemming

Frage 16
a) Was versteht man in Zusammenhang mit Auswärtiger Kulturpolitik unter *Mittlerorganisationen*?
b) Nennen Sie drei Mittlerorganisationen und jeweils eine ihrer wesentlichen Aufgaben!

Frage 17
a) Wie viele Bürgerinnen und Bürger mit ausländischer Staatsangehörigkeit leben in Deutschland?
b) Nennen Sie die vier Länder, aus denen die meisten von ihnen stammen!

Frage 18
Aus welchen Ländern stammen folgende Frauen? Womit verbinden Sie sie?
a) Sukarnoputri Megawati
b) Aung Sang Suu Kyi
c) Gro Harlem Brundtland
d) Rigoberta Menchu
e) Sadako Ogata
f) Martina Hingis

Frage 19
Ordnen Sie den folgenden Künstler Stilrichtungen zu:
a) Paul Klee
b) Emil Nolde
c) Caspar David Friedrich
d) Vincent van Gogh
e) Albrecht Dürer
f) René Magritte
g) Otto Dix
h) Gustav Klimt

Frage 20
Mit der Erforschung/Entdeckung welcher Kontinente werden folgende Namen verbunden?
a) Mungo Park
b) Alexander von Humboldt
c) Heinrich Barth
d) Ludwig Leichhardt
e) Amerigo Vespucci
f) G.F. Bellingshausen

Frage 21
In welchen Staaten liegen folgende Regionen/Provinzen?
a) Queensland — *Austr.*
b) Bukovina
c) Patagonien
d) Dalmatien — *Kroatien*
e) Labrador — *Venezuela*
f) Tonking
g) Tschetschenien — *Russl.*
h) Aceh

Frage 22
Welcher Vorfall aus dem Endspiel der Fußball-Weltmeisterschaft 2006 zwischen Frankreich und Italien bleibt unvergessen? *Kopfstoß Zidane*

Frage 23
Welche Katastrophen verbinden Sie mit folgenden Namen? Welche Länder waren betroffen? Nennen Sie jeweils die Jahreszahl!
a) Estonia — *Schiff*
b) Mitch
c) Eschede — *Zugunglück*
d) Oder-Hochwasser

Frage 24
Wie hoch war die Wahlbeteiligung in Deutschland bei den letzten Wahlen zum Europaparlament? Welche deutschen Parteien zogen in das Europaparlament ein?

Frage 25
Was verbinden Sie mit folgenden Begriffen?
a) Elchtest
b) Bovine Spongioforme Encephalopathie
c) Pathfinder/Sojourner
d) Cyberspace

Lösungen Test 2

★★☆☆ **Frage 1**
a) Norman Foster, brit.
b) Axel Schultes
c) Daniel Libeskind, amerikan.
d) Renzo Piano, italien.

★★★☆ **Frage 2**
Stadt Aachen, Preisträger 2007 Javier Solana

★★☆☆ **Frage 3**
a) Werner Herzog, vgl. 1, 12 d)
b) Fritz Lang, vgl. 1, 12 e)
c) Wim Wenders, vgl. 1, 12 d)
d) Quentin Tarantino, wichtiger Film: *Kill Bill* (Uma Thurman)
e) Luis Bunuel, vgl. 1, 10 b)
f) Luchino Visconti, wichtige Filme: *Rocco und seine Brüder* (Alain Delon), *Der Leopard* (Burt Lancaster, Claudia Cardinale, Verfilmung des Romans von Guiseppe Tomasi di Lampedusa), *Die Verdammten* (Helmut Berger), *Ludwig II.* (Helmut Berger, Romy Schneider)

★★★★ **Frage 4**
a) Karl Marx (1818–83), Hauptwerk: *Das Kapital*
b) Jean Jacques Rousseau (1712–78), Wegbereiter der Franz. Revolution, wichtiges Werk: *Bekenntnisse*
c) Jean Paul Sartre (1905–80), atheistischer Existenzialist, 1965 Nobelpreis für Literatur, den er ablehnte, wichtige Werke: *Die schmutzigen Hände, Kritik der dialektischen Vernunft*
Exkurs: Lebensgefährte von **Simone de Beauvoire** (1908–86), wichtige Werke: *Das Blut der anderen, Die Mandarins, Memoiren einer Tochter aus gutem Hause, Das andere Geschlecht*
d) Georg W.F. Hegel, vgl. 1, 2 c)
e) Immanuel Kant, vgl. 1, 2 b)
f) Voltaire (1694-1778), Dichter und Schriftsteller der Aufklärung. Bekannt ist sein Briefwechsel mit

Friedrich dem Großen. *Candide oder die Beste der Welten* richtet sich satirisch gegen die optimistische Weltanschauung des Philosophen und Universalgenies **Leibniz** (1646–1716, Mitbegründer der Infinitesimalrechnung und des Dualsystems)

Frage 5

a) Zola (1840–1902), Vertreter des Naturalismus, wichtige Werke: Artikel *J'accuse* (Dreyfusaffäre), *Nana, Germinal*
b) Gryphius (1616–64), Dichter des Barock
c) Benn (1886–1956), Expressionismus, wichtige Lyrik: *Morgue-Gedichte, Statische Gedichte*
d) v. Arnim (1785–1859), Romantik, Schwester von Clemens v. Brentano (1778–1842), der mit Achim v. Arnim als Hauptvertreter der jüngeren Romantik gilt
e) Dickens (1812–70), Realismus, wichtige Werke: *Oliver Twist, A Christmas Carol, David Copperfield, Great Expectations*
f) Verlaine (1844–96), Symbolismus, franz. Lyriker

Frage 6
s. 1, 17

Frage 7

a) Türkei
   Exkurs: Der Ararat ist Nationalsymbol Armeniens, Hauptstadt Armeniens ist Eriwan
b) Mexiko, sog. Zwillingsvulkan mit dem *Izztaccihuatl*
c) Österreich, höchster Berg Tirols
d) Japan
e) höchster Berg Ecuadors
f) Frankreich

Frage 8
a) Persisch (*Farsi*)
b) Chinesisch (*Mandarin*)
   Exkurs: Chiang Kai-shek zog sich nach 1949 mit der **Kuomintang** nach der Niederlage gegen die Kommunisten unter Mao nach Taiwan zurück
c) Französisch und Créole

d) Suaheli und Englisch
e) Arabisch (teilweise Kurdisch)
f) Thai
Exkurs: Thailand war immer unabhängig, die Könige werden ***Rama*** genannt

Frage 9
a) Hannover 2000 (sog. Expo 2000)
b) 2008 in Saragossa
Exkurs: Erste Weltausstellung 1851 in London, Weltausstellung 1889 mit der Eröffnung des **Eiffelturms**

★★★★ ### Frage 10
a) Felix Mendelssohn-Bartholdy (1809–47), Enkel des Philosophen Moses Mendelssohn, Bruder von Fanny Hensel. Wiederentdecker Bachs, <u>wichtige Werke:</u> *Schottische und ital. Sinfonie*, *Violinkonzert, Hebridenouvertüre, Paulusoratorium, Lieder ohne Worte*
b) Franz Schubert (1797–28), vgl. 1, 7 e)
c) Dave Brubeck, Vertreter des Cool Jazz
d) Kurt Weill (1900–50, Libretto von Bertolt Brecht, <u>wichtiges Werk:</u> *Aufstieg und Fall der Stadt Mahagonny* (Libretto von Brecht)
e) Giacomo Puccini (1858–1924), vgl. 1, 6 a)
f) Giuseppe Verdi (1813–1901), vgl. 1, 6 d)

Frage 11
a) Senat von Berlin, Bundestag, Förderkreis zur Errichtung eines Mahnmals für die ermordeten Juden Europas
b) US-Architekt Peter Eisenman

Frage 12
a) 660 Tsd.
b) 3,4 Mio.
c) 1,7 Mio.
d) 504 Tsd.

★☆☆☆ ### Frage 13
a) Deep Purple

b) Pink Floyd
c) Beatles (bestehend aus: Paul McCartney, John Lennon, George Harrison, Ringo Starr)
d) Simon and Garfunkel
e) Marianne Rosenberg
f) Supertramp

Frage 14
a) Erich Kästner (1899–1974), wichtige Werke: *Emil und die Detektive, Pünktchen und Anton, Das doppelte Lottchen, Das fliegende Klassenzimmer*
b) Lion Feuchtwanger (1884–1958), wichtige Werke: *Jud Süß* (gleichnamiger Nazi-Propagandafilm von **Veit Harlan**), *Josephus-Trilogie, Die Jüdin von Toledo*
c) Isabel Allende, chilen. Schriftstellerin, wichtiges Werk: *Eva Luna*
d) Hans Jakob Chr. von Grimmelshausen (1622–76)
e) Alfred Döblin (1878–1957), vgl. 1, 4 c) u. 4, 20c)
f) Fjodor Dostojewski (1821–81), wichtige Werke: *Der Idiot, Der Spieler, Die Brüder Karamasow, Erniedrigte und Beleidigte*

Frage 15
a) Planck (1858–1947) Physik / Quantenmechanik, 1918 Nobelpreis für Physik
b) Röntgen (1845–1923) Physik / X-Strahlen (Röntgenstrahlen), 1901 erster Physik Nobelpreisträger
c) Mendelejew (1834–1907) Chemie / Periodensystem der Elemente (zusammen mit Julius Lothar von Meyer)
d) Darwin (1809–82) Biologie / Evolutionstheorie, Hauptwerk: *On the Origin of Species*
e) Kepler (1571–1630) Astronom / Ellipsenbahnen der Planeten, Grundlagen der Optik
f) Flemming (1881–1955) Bakteriologie / Entdeckung des Penicillins, Nobelpreis für Medizin 1945

Frage 16
a) Die Mittlerorganisationen sind von der

Bundesregierung jurist. unabhängige Institutionen, denen Aufgaben im Bereich der Auswärtigen Kulturpolitik übertragen werden und die zu diesem Zweck Zuwendungen vom Bund erhalten
b) Goethe-Institut / Vermittlung der deutschen Sprache, Veranstaltungen mit deutschen Kulturschaffenden im Ausland, Unterstützung des Austauschs deutscher und ausländischer Kulturschaffender; DAAD / akademischer Austausch, Lektoren; Humboldt-Stiftung / wissenschaftliche Zusammenarbeit, Stipendiaten; Inter Nationes / Informations- und Lehrmaterial über Deutschland, audiovisuelle Zusammenarbeit und Dokumentation, Betreuung ausländischer Gäste; Institut für Auslandsbeziehungen / Ausstellungen mit deutschen Künstlern im Ausland; Haus der Kulturen der Welt / Präsentation ausländischer Kultur

Frage 17
s. 1, 19

★☆☆☆ **Frage 18**
a) Indonesien, Präsidentin 2001-04
b) Myanmar, Oppositionelle, Friedensnobelpreis 1991
c) Norwegen, Ministerpräsidentin, Vorsitzende der World Commission on Environment and Development der UN (sog. **Brundtland Kommission**), bis 2003 Generaldirektorin der WHO
d) Guatemala, Menschenrechtlerin, 1992 Friedensnobelpreis
e) Japan, bis 2001 UNO Flüchtlingskommissarin
f) Schweizer Tennisspielerin

★★★★ **Frage 19**
a) Klee (1879–1940), Expressionismus
b) Nolde (1867–1956), Maler des Expressionismus. Bekannt wegen der ausdrucksstarken Bilder seines Gartens. Mitglied der Künstlergruppe *Brücke*. Schloss sich dann der *Berliner Secession* an. <u>Wichtige Mitglieder der Secession:</u> Liebermann, Corinth, Beckmann, Barlach, Kollwitz, Modersohn-

Munch
c) Friedrich (1774–1840) Romantik, vgl. 1, 10 f)
d) van Gogh (1853–90), niederl. Maler des Postimpressionismus, Selbstverstümmelung eines Ohres, u.a. bekannt: *Sonnenblumenbilder*
e) Dürer (1471–1528) , deutscher Renaissancemaler und Grafiker. Lebte und wirkte in Nürnberg
f) Magritte (1898–1967) Surrealismus
g) Dix (1891–1969) Neue Sachlichkeit
h) Klimt (1862–1918), Jugendstil, vgl. 1, 10 e)

Frage 20
a) Park (1771–1806) brit. Afrikareisender
b) Humboldt (1769–1859) Südamerika, Naturforscher, nach ihm ist der Humboldtstrom benannt (Pazifik an der Westküste Südamerikas), Bruder von Wilhelm, dem deutschen Gelehrten und Sprachforscher
c) Barth (1821–65) Afrikaforscher
d) Leichhardt (1813–48) Australienforscher
e) Vespucci (1451–1512) italien. Seefahrer, Fahrten nach Südamerika. Er ist Namensgeber Amerikas.
f) Bellingshausen (1778–1852) baltischer Seefahrer, Expedition ins Südpolargebiet

Frage 21
a) Australien
b) Rumänien und Ukraine
c) Argentinien
d) Kroatien
e) Kanada
f) Vietnam
Exkurs: Der **Tonking-Zwischenfall** 1964, ein angeblicher Konflikt zwischen nordvietnamesischen Schnellbooten und einem US-Kriegsschiff in der Bucht diente als Vorwand der Beteiligung der USA am Vietnam Konflikt
g) Russland
Exkurs: Autonome russische Republik im Transkaukasus, Hauptstadt Grosny, Unabhängigkeitsbestrebungen daraufhin Krieg, der offiziell 2000 beendet wurde. Die tschetschenische

Exilregierung ist Mitglied der UNPO (Unrepresented Nations and Peoples Organization)
h) Indonesien

Frage 22
Die Kopfnuss des franz. Spielers Zidane gegen einen ital. Spieler mit anschließendem Platzverweis

Frage 23
a) 1994 Untergang der Autofähre *Estonia* vor Finnland
b) 1998 Hurrikan in Zentralamerika
c) 1998 Entgleisung eines ICE auf der Strecke Hannover-Hamburg
d) 1997 Hochwasser in Tschechien, Polen und Deutschland

Frage 24
43 %, CDU/CSU, SPD, Grüne, FDP, PDS (2004)

Frage 25
a) Test zur Seitenstabilität von PKW, 1997 bei der Mercedes A-Klasse
b) BSE, Rinderwahnsinn
c) Marssonde der NASA, setzte 1997 auf dem Mars das erste menschliche Fahrzeug Sojourner ab
d) Virtuelle Realität

Allgemeinwissen
Test 3

Frage 1
Nennen Sie die weiblichen Mitglieder des Bundeskabinetts und die Ressorts, die sie führen!

Frage 2
Wie heißen die Ministerpräsidenten folgender Bundesländer?
a) Sachsen-Anhalt
b) Brandenburg
c) Sachsen
d) Schleswig-Holstein
e) Saarland

Frage 3
Nennen Sie die Hauptstädte folgender Bundesländer!
a) Rheinland-Pfalz
b) Mecklenburg-Vorpommern
c) Thüringen
d) Hessen
e) Baden-Württemberg

Frage 4
Wofür stehen folgende Abkürzungen?
a) UNICEF
b) OAU
c) DGAP
d) ICRC
e) EIB
f) ASEAN

Frage 5
Nennen Sie fünf Kommissare, die zur Zeit der Europäischen Kommission angehören und ihre Herkunftsländer!

Frage 6
Welche Berufe ordnen Sie den folgenden Persönlichkeiten zu?

a) Thomas Haas
b) Johanna Wokalek
c) Ann Sophie Mutter
d) Botho Strauß
e) Wolf von Lojewski
f) Cindy Crawford

Frage 7
a) Wie heißt der Begründer der Olympischen Spiele der Neuzeit?
b) Wann und wo fanden die ersten Olympischen Spiele der Neuzeit statt?
c) Wann und wo fanden Olympische Spiele in Deutschland statt?

Frage 8
a) Was verbinden Sie mit *Melissa*?
b) Was ist ein *iMac*?
c) Was verbirgt sich hinter der Abkürzung UMTS?
d) Was verbirgt sich hinter der Abkürzung ISDN?
e) Was verbirgt sich hinter der Abkürzung http?

Frage 9
a) In welchen Maßeinheiten werden Energie, Arbeit und Wärme international gemessen?
b) Nennen Sie 4 Teilbereiche der klassischen Physik!

Frage 10
Wodurch entstehen die Gezeiten?

Frage 11
Wofür steht die Abkürzung FCKW und warum ist diese Substanz gefährlich?

Frage 12
Von welchen Autorinnen/Autoren sind folgende Werke?
a) Der geteilte Himmel
b) Der Vorleser
c) Doktor Faustus
d) Hyperion
e) Die Entdeckung der Currywurst

f) Die Schachnovelle

Frage 13
Nennen Sie die Regisseure der folgenden Filme!
a) Time of the Gypsies
b) Das Leben ist schön
c) Down by law
d) Alles über meine Mutter
e) Manhattan
f) Schindlers Liste

Frage 14
Ordnen Sie folgende Künstlerinnen und Künstler den Kunstepochen/Stilrichtungen zu, für die sie typischerweise stehen!
a) Jasper Johns
b) Hanna Höch
c) Michelangelo
d) Salvador Dalí
e) Peter Paul Rubens
f) Raoul Dufy

Frage 15
Von welchen Komponisten stammen folgende Werke?
a) Carmen
b) Die vier Jahreszeiten
c) Cosi fan tutte
d) Wind of Change
e) Brandenburgische Konzerte
f) Der Rosenkavalier

Frage 16
a) Nennen Sie zwei führende Architekten des sog. *Bauhauses*!
b) Wodurch wurden sie auch außerhalb der Architektur bekannt?
c) In welchem Zeitraum bestand die *Bauhaus-Schule*?

Frage 17
Was sagen Ihnen folgende Gestalten der griechischen Mythologie?

a) Damokles
b) Zyklopen
c) Kassandra
d) Medusa

Frage 18
a) Wer erhielt als erste Frau einen Nobelpreis?
b) Welche deutsche Forscherin erhielt zuletzt (im Jahr 1995) den Medizin-Nobelpreis?
c) Welche internationale Nichtregierungsorganisation erhielt 2007 den Friedensnobelpreis?

Frage 19
Wie heißen die Hauptstädte folgender Staaten?
a) Turkmenistan
b) Usbekistan
c) Mongolei
d) Simbabwe
e) Eritrea
f) Sierra Leone

Frage 20
In welchen Staaten liegen folgende Gebirge?
a) Sierra Nevada
b) Hoher Atlas
c) Drakensberge
d) Hindukusch
e) Sierra Madre
f) Apennin

Frage 21
In welchen Städten befinden sich folgende Museen?
a) El Prado
b) Tate Gallery
c) Wallraf-Richartz-Museum
d) Museum Jean Tinguely
e) Metropolitan Museum
f) Musée d'Orsay

Frage 22
Welche Religionsgemeinschaften haben in folgenden Städten ein großes Heiligtum?
a) Amritsar
b) Salt Lake City
c) Kerbela
d) Jerusalem

Frage 23
In welchen Ländern befinden sich folgende Sehenswürdigkeiten?
a) Machu Picchu
b) Stonehenge
c) Chichen Itza
d) Taj Mahal
e) Die Verbotene Stadt
f) Felsendom

Frage 24
Mit welchem Medium sind folgende Name verbunden?
a) Carl von Ossietzky
b) Marion Gräfin Dönhoff
c) Rudolph Augstein
d) Alice Schwarzer
e) Dieter Weirich
f) Fritz Pleitgen

Frage 25
Welcher Nationalität war Christoph Kolumbus?
a) Spanien
b) Italien
c) Frankreich
d) Portugal

Lösungen Test 3

★★☆☆

Frage 1
Merkel, Wieczorek-Zeul (wirtschaftliche Zusammenarbeit und Entwicklung), Schavan (Bildung und Forschung), von der Leyen (Familie), Schmidt (Gesundheit), Zypries (Justiz)
Exkurs: In Finnland besteht derzeit weltweit der höchste Frauenanteil bei Ministern, von 20 Positionen sind 12 mit Frauen besetzt.

Frage 2
a) Böhmer (CDU)
b) Platzeck (SPD)
c) Milbradt (CDU)
d) Carstensen (CDU)
e) Müller (CDU)

Frage 3
a) Mainz
b) Schwerin
c) Erfurt
d) Wiesbaden
e) Stuttgart

Frage 4
a) United Nations International Children's Emergency Fund (New York)
b) Organization of African Unity (bis 2002), abgelöst durch die African Union (Addis Abeba)
c) Deutsche Gesellschaft für Auswärtige Politik (Berlin)
d) International Committee of the Red Cross (Genf), Rotes Kreuz entstand aus der Idee von **Henri Dunant** aufgrund der Erfahrungen aus der Schlacht von **Solferino** (1859), erste Gründung 1863.
Exkurs: Solferino Schlacht während des Risorgimento (Unabhängigkeitsbewegung Italiens) zwischen Frankreich (Napoleon III.) und Habsburg
e) European Investment Bank (Luxemburg)
f) Association of Southeast Asian Nations (Jakarta)

Frage 5 ★☆☆☆
Günter Verheugen (Deutschland), bereitete die EU-Osterweiterung vor (bis 2004 Erweiterungskommissar, seither Kommissar für Unternehmen und Industrie)
Margot Wallström (Schweden), Kommissarin für Institutionen und Kommunikation
Viviane Reding (Luxemburg), Informationsgesellschaft und Medien
Olli Rehn (Finnland, derzeitiger Erweiterungskommissar)
Laszlo Kovacs (Ungarn), Steuern und Zollunion
Benita Ferrero-Waldner (Österreich), Außenbeziehungen und europ. Nachbarschaft
Peter Mandelson (Großbritannien), europ. Handelspolitik
Sitz Brüssel, 27 Mitglieder

Frage 6 ★☆☆☆
a) Tennisspieler
b) Schauspielerin
c) Geigerin
d) Schriftsteller und Dramatiker (*Der Hypochonder* z.B.)
e) Fernseh Journalist
f) Topmodel

Frage 7
a) Pierre de Coubertin (1863-1937)
b) 1896 in Athen
c) 1936 in Berlin (herausragender Athlet, **Jesse Owens**) und 1972 in München (überschattet von der missglückten Geiselbefreiung der israelischen Olympiamannschaft, u.a. 2005 von Spielberg verfilmt: *München*)

Frage 8
a) Computerwurm (im Jahr 1999, weiterer wichtiger Wurm *MyDoom* in 2004)
b) Apple Computer (der Chef und Gründer von Apple heißt Steve Jobs)
c) Universal Mobile Telecommunications System
d) Integrated Services Digital Network
e) Hypertext Transfer Protocol

★★★☆ **Frage 9**
a) Joule
Exkurs: Energieerhaltungssatz (die Energie in einem geschl. System bleibt erhalten) von **Helmholtz** (1821–94), Helmholtz Gemeinschaft als größte Forschungsorganisation Deutschlands
b) Mechanik, Optik, Akustik, Elektrizität
Exkurs: In der Mechanik grundlegend **Galileos** (1564–1642) Forschungen zum freien Fall (Galileo Verfechter des kopernikanischen heliozentrischen Weltbildes, Inquisitionsgericht und sein angebliches: *Und sie bewegt sich doch!*), in der Optik grundlegend **Kepler** (1571–1630, Fernrohr) und **Newton** (1643–1727, Spektralzerlegung. Spektralanalyse erst im 19. Jhdt. durch **Kirchhoff**), in der Elektrizität wichtig: **Benjamin Franklin** (1706– 90), Mitunterzeichner der Unabhängigkeitserklärung der US und Mitschöpfer der amerik. Verfassung, Erfinder des Blitzableiters, Alessandro **Volta** (ital. Physiker 1745–1827), Heinrich **Hertz** (1857–94, elektromagn. Wellen)

Frage 10
Gezeiten – auch Tide - entstehen durch die Gravitation des Mondes und der Sonne

Frage 11
Fluorchlorkohlenwasserstoffe, Zerstörung der Ozonschicht. **Montrealer Protokoll** von 1987 zur Einschränkung der Nutzung

★★★★ **Frage 12**
a) Christa Wolf, Werk verfilmt von Konrad Wolf, dem Sohn von Friedrich Wolf (Drama: *Professor Mamlock*) und Bruder von **Markus Wolf** (Chef der Hauptverwaltung Aufklärung, des Auslandsnachrichtendienstes der Stasi), wichtige Werke: *Kein Ort. Nirgends, Kassandra*
b) Bernhard Schlink (Prof. für Staatsrecht), 2007

verfilmt mit Kate Winslet als *Hanna Schmitz* und Ralph Fiennes
c) Thomas Mann (1875–1955), Protagonist *Adrian Leverkühn*. 1929 Nobelpreis für Literatur für *Die Buddenbrooks*. Bruder Heinrich, Kinder Klaus, Erika, Golo. <u>Wichtige Werke:</u> *Der Zauberberg, Lotte in Weimar, Felix Krull*
d) Friedrich Hölderlin (1770–1843)
e) Uwe Timm
f) Stefan Zweig (1881–1942), vgl. 1, 4 e)

Frage 13 ★☆☆☆
a) Emir Kusturica (Serbien)
b) Roberto Benigni (Italien), Oscar 1999
c) Jim Jarmusch (USA), <u>wichtige Filme:</u> *Night on Earth, Stranger than Paradise, Broken Flowers*
d) Pedro Aldomóvar (Spanien), <u>wichtige Filme:</u> *Frauen am Randes des Nervenzusammenbruchs, Fessle mich!, Volver*
e) Woody Allen (USA), Oscar 1978 für *Der Stadtneurotiker*, 1986 für *Hannah und ihre Schwestern*, viele Filme mit seinen Lebensgefährtinnen Diane Keaton und Mia Farrow, <u>wichtige Filme:</u> *Mach's noch einmal Sam, Match Point, Geliebte Aphrodite, Ehemänner und Ehefrauen*
f) Steven Spielberg (USA), seine einzige Rolle spielte er in *Blues Brothers*. <u>Wichtige Filme:</u> *Der weiße Hai, Indiana Jones, ET, Jurassic Parc, Minority Report*

Frage 14 ★★★★
a) Johns, US-Künstler der Pop Art, vgl. 1, 10 d)
b) Höch (1889–1978), dt. Collagekünstlerin des Dadaismus
c) Michelangelo (1475–1564), ital. Maler und Bildhauer der (Hoch-) Renaissance. <u>Bekannte Werke:</u> *David*-Skulptur, *Pieta, Sixtinische Kapelle*
d) Dali (1904–89), Spanien, Surrealismus, <u>wichtiges Werk:</u> *Die brennende Giraffe*
e) Rubens (1577–1640), flämischer Maler des Barock. <u>Wichtiges Werk:</u> *Judith mit dem Haupt des*

Holofernes
f) Dufy (1877–1953), franz. Maler, Fauvismus: Henri Matisse, Maurice de Vlaminck, André Derain
Exkurs: Die *neuen Wilden*, deutsche Kunstrichtung der 1980er Jahre. Wichtige Vertreter: Penck, Immendorf, Kippenberger, Lüpertz

★★★☆ **Frage 15**
Von welchen Komponisten stammen folgende Werke?
a) Georges Bizet (1838–75), Komponist der Romantik, wichtiges Werk: *Marche funèbre*
b) Antonio Vivaldi (1678–1741)
c) Wolfgang Amadeus Mozart (1756–91), Sohn von Leopold, wichtige Opern: *Die Entführung aus dem Serail, Le Nozze di Figaro (Die Hochzeit des Figaro), Don Giovanni, Cosi fan tutte, Die Zauberflöte*, Weitere Werke: 41 Sinfonien, darunter die *Haffner*, die *Prager*, die *Linzer*, Serenaden u.a. *Eine kleine Nachtmusik*
d) The Scorpions (Sänger Klaus Meine)
e) Johann Sebastian Bach (1685–1750), Kantor an der Thomaskirche in Leipzig, wichtige Werke: div. Kantaten, *Matthäus-, Johannespassion, H-Moll-Messe, Weihnachtsoratorium, Goldbergvariationen, Das Wohltemperierte Klavier, Musikalisches Opfer, Die Kunst der Fuge*
f) Oper von Richard Strauss (1864–1949), wichtige Werke: Opern *Elektra, Salome*, Sinfonische Dichtungen *Till Eulenspiegel, Ein Heldenleben, Don Juan*

★★★☆ **Frage 16**
a) Henry van de Velde, Walter Gropius (als Maler: Kandinsky, Feininger, Klee, Schlemmer u.a.)
b) Durch Design von Möbeln, u.a. Marcel Breuer, Ludwig Mies van der Rohe (auch Architektur, wichtige Werke: *Weissenhofsiedlung* Stuttgart, *Neue Nationalgalerie* Berlin)
c) Bauhaus, zunächst Weimar, dann Dessau, Kunsthochschule von 1919–33 und Mittelpunkt der Klassischen Moderne (*Neues Bauen*)

Frage 17 ★☆☆☆
a) Damokles beneidet den Tyrannen Dionysius um seine Macht. Der lässt ihn auf seinem Thron sitzen und befestigt über dem Kopf ein Schwert, welches nur an einem Rosshaar hängt, um die Vergänglichkeit der Macht zu demonstieren (sprichwörtlich: *Damoklesschwert*)
b) Riesen mit nur einem Auge auf der Stirn. Odysseus besiegt den Zyklopen *Polyphem* auf seiner Heimfahrt von Troja
c) Tochter des troj. Königspaares Priamos und Hekabe. Der liebende Apollon gab ihr die Gabe der Vorsehung. Als sie ihn verschmähte verfluchte er die Gabe: Niemand mehr glaubte ihren Vorsehungen (sprichwörtlich: *Kassandrarufe*), so warnte sie umsonst vor dem troj. Pferd.
d) Eine Gorgone, Tochter der Meeresgottheiten. Wurde von Athene in ein Ungeheuer verwandelt. Ihr Blick ließ jeden zu Stein erstarren. Ein Nebenbuhler des Perseus wusste dies und schickte ihn, das Haupt der Medusa zu holen. Dies tat jener mit Hilfe eines Spiegels, er musste ihr dadurch nicht ins Angesicht schauen.

Frage 18 ★★★☆
a) Marie Curie (1867–1934),
b) Christiane Nüsslein-Volhard, dt. Biologin
c) 2007 sind Preisträger das International Panel on Climate Change (**IPCC**, Weltklimarat) und **Al Gore**, 2006 **Muhamad Yunus** aus Bangladesh und die von ihm gegründete **Grameen Bank** (wörtl. *Dorfbank*, die Kleinstkredite vergibt)

Frage 19 ★★☆☆
a) Asgabat
Exkurs: Turkmenistan ist Mitglied der **OIC** (Organization of Islamic Countries), einer zwischenstaatlichen Organisation von derzeit 57 Staaten, die die islam. Welt repräsentieren
b) Taschkent, Usbekistans Staatsoberhaupt ist Präsident Karimov

c) Ulan-Bator
d) Harare, Präsident **Mugabe**
e) Asmara, Eritrea ehemals ital. Kolonie
f) Freetown

Frage 20
a) USA mit dem höchsten Berg der USA außerhalb Alaskas, dem Mount Whitney
b) Marokko
c) Südafrika
d) Afghanistan/Pakistan
e) Mexiko
f) Italien

★☆☆☆ **Frage 21**
a) Madrid
b) London
Exkurs: Die Tate Gallery verleiht jährlich den Turner Preis, benannt nach dem Maler **William Turner** (1775–1851, Romantik)
c) Köln
d) Basel, zeigt die Werke des gleichnamigen Schweizer Künstlers (Nouveau Réalisme), der als Hauptvertreter der *kinetischen* **Kunst** gilt (wie z.B. auch **Rebecca Horn**), Bewegung als Gestaltungsprinzip
e) New York
f) Paris

★☆☆☆ **Frage 22**
a) Sikhs (**Goldener Tempel**)
b) Mormonen (Kirche Jesu Christi der Heiligen der letzten Tage) mit dem Buch Mormon als weiterer Heiliger Schrift, 1830 von **Joseph Smith** gegründet
c) Schiiten, zweitgrößte Glaubensrichtung im Islam nach den Sunniten
d) Christen (Grabeskirche), Juden (Klagemauer), Moslems (Felsendom und Al-Aksa-Moschee)

Frage 23   ★☆☆☆
a) Peru, Ruinenstadt der Inka
   Exkurs: Die **Maya** leben in Mittelamerika, Hochkultur bis ca. 1550, die **Azteken** in Mexiko, ab 1519 Eroberung der Reiche durch die Spanier unter **Hernando Cortes**
b) England
c) Mexiko, Ruinenstätte der Maya
d) Indien, Mausoleum
e) Peking, Kaiserpalast
   Exkurs: China war bis 1911 ein Kaiserreich, Gründung der Republik durch **Sun Yatsen**
f) Israel, Wahrzeichen Jerusalems auf dem Tempelberg, neben der **Kabaa** in Mekka und der Grabmoschee Mohammeds in Medina eines der wichtigsten und ältesten islamischen Heiligtümer

Frage 24
a) v. Ossietzky (1889–1938), Die Weltbühne, Friedensnobelpreis 1935
b) Die Zeit
c) Der Spiegel
   Exkurs: Spiegelaffäre 1962, Verfahren wegen Landesverrats gegen Augstein und Ahlers wegen eines Berichts über die Bundeswehr. Durchsuchungen und Verhaftungen, vom damaligen Verteidigungsminister Strauß forciert. Rücktritt der FDP Bundesminister aus Protest, schließlich Rücktritt von Strauß.
d) Emma
e) Deutsche Welle
f) WDR

Frage 25
Richtige Antwort: b)
Kolumbus (1451–1506), aus Genua, in span. Diensten, Entdeckung Amerikas 1492 mit seinem Schiff *Santa Maria*

Allgemeinwissen
Test 4

Frage 1
Welcher der folgenden Künstler war Mitglied der Künstlerkolonie Worpswede?
a) Gabriele Münter
b) Otto Modersohn
c) Käthe Kollwitz
d) Oskar Kokoschka

Frage 2
Zu den Bestandteilen eines Atoms gehören nicht:
a) Protonen
b) Elektronen
c) Neutronen
d) Positronen

Frage 3
Von welchem der folgenden Komponisten stammt das Musical *My Fair Lady*?
a) Irving Berlin
b) Leonard Bernstein
c) Frederick Loewe
d) Cole Porter

Frage 4
Zu welchem Staat gehört die Insel Sansibar?
a) Tansania
b) Indonesien
c) Kenia
d) Großbritannien

Frage 5
Welchen Namen verbinden Sie mit dem deutschen Zollverein und wofür stand dieser Verein?
a) Ferdinand Lassalle
b) Friedrich List
c) Freiherr v. Stein
d) Max Weber

Frage 6
Welcher Autor gehört nicht zur sog. Weimarer Klassik?
a) Wieland
b) Herder
c) Hölderlin
d) Goethe

Frage 7
Was verbirgt sich hinter der Abkürzung ISS?

Frage 8
Mit welchem Ereignis beginnt im Islam eine eigene Zeitrechung?
a) Die Geburt Mohammeds
b) Mohammeds Tod
c) Mohammeds Auswanderung aus Mekka
d) Mohammeds Einzug in Medina

Frage 9
Von wem stammt das Werk: *Also sprach Zarathustra* und welche Art Mensch wird dort beschrieben?
a) Stefan George
b) Christian Morgenstern
c) Friedrich Nietzsche
d) Arthur Schopenhauer

Frage 10
Aus welchem Werk stammt das Zitat *Wozu in die Ferne schweifen? Sieh, das Gute liegt so nah!*
a) Die Räuber
b) Faust
c) Hamlet
d) Macbeth

Frage 11
Wo befinden sich die Dardanellen?
a) Türkei
b) Italien
c) Spanien
d) Zypern

Frage 12
Welches südamerikanische Land hat keine Küste?
a) Bolivien
b) Uruguay
c) Kolumbien
d) Surinam

Frage 13
Welches europäische NATO-Mitglied besitzt keine eigene Armee?
a) Liechtenstein
b) Island
c) Luxemburg
d) Slowenien

Frage 14
Nennen Sie mindestens zwei Vertreter der sog. Leipziger Schule!

Frage 15
Wer gilt als Begründer der Zwölfton-Musik?
a) Arnold Schönberg
b) Anton Bruckner
c) Bela Bartok
d) Alban Berg

Frage 16
Welcher Architekt bekam für sein Modell den Zuschlag für die Nachfolgegestaltung am Platz des ehemaligen World Trade Centers?
a) Frank O. Gehry
b) Rem Koolhaas
c) Renzo Piano
d) Sir Norman Foster

Frage 17
Wie hieß der ehemalige Treuhandchef, der 1991 einem Mordanschlag der RAF zum Opfer fiel?
a) Ernst Zimmermann
b) Karl-Heinz Beckurts
c) Gerold von Braunmühl

d) Detlev Karsten Rohwedder

Frage 18
Was ist ein Seismograph?

Frage 19
Was versteht man unter Primaten?

Frage 20
Gerhard Hauptmanns Drama *Die Weber* ist welcher Epoche zuzuordnen?
a) Symbolismus
b) Naturalismus
c) Expressionismus
d) Realismus

Frage 21
Nennen Sie drei Edelgase!

Frage 22
Was versteht man unter:
a) Photovoltaik
b) Hermeneutik
c) Heraldik
d) Supraleiter

Frage 23
Nennen Sie fünf Namen, die Sie mit den Anfängen der Luftfahrt verbinden!

Frage 24
Bringen Sie folgende fünf Komponisten nach ihren Lebensdaten (Todesdaten) in die richtige Reihenfolge!
a) Johannes Brahms
b) Robert Schumann
c) Igor Strawinsky
d) Ludwig van Beethoven
e) Richard Strauss

Frage 25
Wo ist die Museumsinsel mit welchen Museen?

Lösungen Test 4

★★★☆

Frage 1
Richtige Antwort: b)
a) Gabriele Münter (1877–1962), Malerin des Expressionismus, lebte in **Murnau am Staffelsee**, dem Treffpunkt verschiedener Künstler in den 1920er Jahren
b) Otto Modersohn (1865–1943), verheiratet mit **Paula Modersohn-Becker** (expressionist. Malerin)
c) Käthe Kollwitz, Bildhauerin (1867–1945)
d) Oskar Kokoschka (1886–1980), expressionist. Maler
Exkurs: Zur Künstlerkolonie Worpswede (1889 gegründet) gehörten außerdem Fritz Mackensen, Hans am Ende, Heinrich Vogeler u.a.

★☆☆☆

Frage 2
Richtige Antwort: d)
Das Positron ist das Antiteilchen des Elektrons.
Exkurs: Grundsätzlich bestehen alle Atome aus einem Kern, in dem sich Protonen (positiv geladen) und Neutronen (neutrale Ladung) befinden. Der Kern wird von den negativ geladenen Elektronen umkreist (**Rutherfordsches Atommodell** seit 1911, 1913 durch das Bohrsche Atommodell spezifiziert). Ernest Rutherford (1871–1937), neuseel.-britischer Physiker, entdeckte das Proton. 1908 Nobelpreis für Chemie.

Frage 3
Richtige Antwort: c)
a) Irving Berlin (1888–1989), US-Komponist
b) Leonard Bernstein (1918–90) US-Komponist und Dirigent, wichtige Oper: *West Side Story*
c) Frederick Loewe (1901–88)
d) Cole Porter, US-Komponist, wichtige Werke: *High Society* (Filmmusical mit Grace Kelly, Frank Sinatra), *Kiss me Kate* (Musical nach Shakespeares *Der Widerspenstigen Zähmung*)

Frage 4
Richtige Antwort: a)

Sansibar war bis 1963 brit. Kolonie

Frage 5 ★★★☆
Richtige Antwort: b)
a) Ferdinand Lassalle (1825–64), Gründer des Allgemeinen Deutschen Arbeitervereins (1863), er gilt als **Gründervater der Sozialdemokratie**
b) Friedrich List (1789–1846), der Deutsche Zollverein war ein Zusammenschluss mehrerer Bundesstaaten zur Aufhebung der Zollschranken, 1834 gegründet
c) **Freiherr v. Stein** (1757–1831), preußischer Reformer nach der Niederlage gegen Napoleon in der Schlacht bei Jena und Auerstedt 1806. Kommunale Selbstverwaltung, Bauernbefreiung, Gewerbefreiheit, Einführung der allgem. Wehrpflicht, Bildungsreform u.a.
d) Max Weber (1864–1920), Nationalökonom und Soziologe

Frage 6 ★★★★
Richtige Antwort: c)
a) Wieland (1733–1813), Repräsentant der Aufklärung, neben Klopstock und Lessing Wegbereiter der *Weimarer Klassik*
b) Herder (1744–1803), auch Vertreter des *Sturm und Drang*, wichtiges Werk: *Ideen zur Philosophie der Geschichte der Menschheit*
c) Hölderlin (1770–1834), wichtiges Werk: *Hyperion*
d) Goethe (1749–1832), Deutscher Dichterfürst, auch Vertreter des *Sturm und Drang*, wichtige Werke: *Götz von Berlichingen, Die Leiden des jungen Werthers, Egmont, Faust* (verfilmt mit Gustav Gründgens als Mephisto), *Wilhelm Meisters Lehrjahre, Iphigenie auf Tauris, Torquato Tasso, Dichtung und Wahrheit*
Exkurs: Schiller, Goethe, Wieland und Herder werden auch als das sog. *Viergestirn von Weimar* bezeichnet

Frage 7
International Space Station, internationale permanent bemannte Raumstation seit 1998 unter Beteiligung der

USA, Russlands, Japans, Kanadas und der ESA

★☆☆☆ **Frage 8**
Richtige Antwort: c)
Der islamische Kalender beginnt mit dem Jahr der Auswanderung Mohammeds (622) aus Mekka
Exkurs: Als *Haddsch* wird die Pilgerfahrt nach Mekka bezeichnet

★★☆☆ **Frage 9**
Richtige Antwort: c)
Es wird der Übermensch beschrieben
a) Stefan George (1868–1933), wichtig: *Georgekreis* mit Hugo v. Hofmannsthal, den Gebrüdern Stauffenberg u.a.
b) Christian Morgenstern (1871–1914), wichtiges Werk: *Galgenlieder*
c) Friedrich Nietzsche, vgl. 1, 2 f)
d) Arthur Schopenhauer (1788–1860), Philosoph, wichtiges Werk: *Die Welt als Wille und Vorstellung*

★★★☆ **Frage 10**
Richtige Antwort: b)
Exkurs: Antworten c) und d) sind Dramen von Shakespeare (1564–1616, geb. und gest. in Stratford upon Avon), wichtige Werke: Sonette, *Richard II., Heinrich IV., King Lear, Der widerspenstigen Zähmung, Was ihr wollt, Ein Sommernachtstraum, Viel Lärm um Nichts, Wie es Euch gefällt, Die lustigen Weiber von Windsor, Der Kaufmann von Venedig, Der Sturm, Romeo und Julia, Othello*

★☆☆☆ **Frage 11**
Richtige Antwort: a)
Meerenge zwischen dem Marmarameer und der Ägäis (im Altertum **Hellespont** genannt). Liegt an der Halbinsel Gallipoli, dort im ersten Weltkrieg verlustreiche Landeversuche der Entente, die scheiterten.

Frage 12
Richtige Antwort: a)

Frage 13
Richtige Antwort: b)
Exkurs: 1999 wurden Polen, Ungarn und die Tschechische Republik, 2004 Slowenien, die Slowakische Republik, Rumänien, Bulgarien, Estland, Lettland und Litauen in die NATO aufgenommen. Liechtenstein ist kein NATO Mitglied, hat aber ebenfalls keine eigene Armee

Frage 14 ★★☆☆
Bernhard Heisig, Walter Mattheuer, Werner Tübke

Frage 15 ★★★★
Richtige Antwort: a)
a) Arnold Schönberg (1874–1951), wichtige Werke: *Gurre Lieder* (Oratorium), *Erwartung* (Oper)
b) Anton Bruckner (1824–96), wichtiges Werk: *Te Deum*
c) Bela Bartok (1881–1945), ungar. Komponist
d) Alban Berg (1885–1935), wichtige Opern: *Wozzeck, Lulu* (Nach den Vorlagen: *Erdgeist* und *Die Büchse der Pandora* von **Frank Wedekind**, 1864–1918, wichtiges Werk: *Frühlings Erwachen*)

Frage 16 ★☆☆☆
Richtige Antwort: d)

Frage 17
Richtige Antwort: d)
Nach Rohwedder ist das Haus benannt, in dem sich das Finanzministerium befindet, vormals Reichsluftfahrtministerium, nach der Wende Treuhandanstalt
Gerold v. Braunmühl war dt. Diplomat

Frage 18
Gerät zur Messung von Bodenerschütterungen bei Erdbeben, die Stärke von Erdbeben wird mit der **Richterskala** bestimmt

Frage 19
Im zoologischen System Menschen und Affen

★★★★ **Frage 20**
Richtige Antwort: b)
Gerhard Hauptmann (1862–1946), wichtige Werke: *Bahnwärter Thiel*, Dramen: *Die Rose Bernd, Der Biberpelz, Die Ratten*
a) Symbolismus: Epoche Anfang des 20. Jhdts., wichtige Vertreter: Baudelaire, Rimbaud, Verlaine, George, Rilke, Hoffmannsthal
b) Naturalismus: Ende des 19. Jhdts., wichtige Vertreter: **Ibsen** (1828–1906, norweg. Autor, wichtige Werke: *Peer Gynt, Die Wildente, Gespenster, Hedda Gabler*), Zola, Strindberg (schwed., 1849–1912)
c) Expressionismus: erste Hälfte des 20. Jhdts., wichtige Vertreter: Alfred Döblin, Gottfried Benn (1886–1956), Franz Werfel, Else Lasker-Schüler (1869–1945)
d) Realismus: 2. Hälfte 19. Jhdt., wichtige Vertreter in Deutschland: Hebbel (1813–63, wichtiges Werk: *Maria Magdalena*), **Storm** (1817–88, wichtiges Werk: *Der Schimmelreiter*), **Fontane** (1819–98, wichtige Werke: *Effi Briest, Irrungen Wirrungen, Der Stechlin, Frau Jenny Treibel*), Freytag (1816–95, wichtiges Werk: *Soll und Haben*), Keller (1819–90, schweiz. Autor, wichtige Werke: *Kleider machen Leute, Der grüne Heinrich, Die Leute von Seldwyla*), Meyer (1825–98, schweiz. Autor, wichtige Werke: *Huttens letzte Tage, Das Amulett, Der Heilige*), Raabe (1831–1910), Stifter (1805–60, öster. Autor des Biedermeier, wichtige Werke: *Der Nachsommer, Bergkristall*)

Frage 21
Helium, Neon, Argon, Krypton, Xenon, Radon. Entdeckung durch William Ramsay, der dafür 1904 den Nobelpreis für Chemie erhielt
Exkurs: Edelmetalle sind z.B. Gold, Silber, Platin,

Kupfer, Quecksilber

Frage 22
a) Direkte Umwandlung von Lichtenergie (Sonnenenergie) in elektrische Energie
b) Die Lehre vom Verstehen, vom Begreifen geisteswissenschaftlicher Gegenstände
c) Wappenkunde
d) Materialien, die unterhalb einer best. Temperatur, der kritischen Übergangstemperatur, keinen messbaren elektrischen Widerstand mehr besitzen

Frage 23
Lilienthal (1848–96) erste Gleitflüge,
Gebrüder Wright (1841-1948) erster gesteuerter Motorflug,
Montgolfier (1740–1810) Erfinder des Heissluftballons,
Zeppelin (1838–1917) Luftschiffe, Ende der Luftschifffahrt 1937 durch den Brand der Hindenburg,
Lindbergh (1902–74) 1927 erste Alleinüberquerung des Atlantiks im Flugzeug,
Blériot (1872–1936) 1909 erste Überquerung des Ärmelkanals
Exkurs: Erster Mensch im Weltall **Juri Gagarin**, erster Mensch auf dem Mond **Neil Armstrong**

Frage 24 ★☆☆☆
Richtige Reihenfolge:
a) Ludwig van Beethoven (1770-1827), vgl. 1, 7 a)
b) Robert Schumann (1810-56), Ehemann von Clara, geb. Wieck, <u>wichtiges Werk:</u> *Rheinische Sinfonie*
c) Johannes Brahms (1833-97), vgl. 1, 7 b)
d) Richard Strauss (1864-1949), vgl. 3, 15 f)
e) Igor Strawinsky (1882-1971), <u>wichtige Werke:</u> *Der Feuervogel, Le sacre du printemps, Petruschka*

★☆☆☆ **Frage 25**
In Berlin mit folgenden Museen: Bode Museum, Alte Nationalgalerie, Altes Museum, Neues Museum, Pergamon Museum (mit dem **Pergamon Altar** und dem Ischtar Tor). Die Museumsinsel gehört zum Weltkulturerbe. Restaurierungsauftrag an den engl. Architekten **David Chipperfield**.

Allgemeinwissen
Test 5

Frage 1
Welches war das erste von Schillers Dramen?
a) Die Räuber
b) Kabale und Liebe
c) Wallenstein
d) Wilhelm Tell

Frage 2
Welchen Dichter verbinden Sie mit der *Black (oder auch Dark) Lady*?
a) Lord Byron
b) Shakespeare
c) Blake
d) Novalis

Frage 3
Wie heißt das Werk Rolf Hochhuths, welches zu Spannungen mit dem Vatikan führte?
a) Der Stellvertreter
b) Mein Kampf
c) Anschwellender Bocksgesang
d) Heldenplatz

Frage 4
Wer schrieb den *Hauptmann von Köpenick*?
a) Karl Valentin
b) Heinrich Böll
c) Carl Zuckmayer
d) Alfred Andersch

Frage 5
Wie bezeichnet man in Höhlen die von unten nach oben wachsenden Tropfsteine?
a) Lapislazuli
b) Stalaktiten
c) Stalagmiten
d) Stalagnat

Frage 6
Von welchem Autor stammt der Roman *Die Leiden des jungen Werther*?
a) Theodor Fontane
b) Johann Wolfgang v. Goethe
c) Thomas Mann
d) Adalbert Stifter

Frage 7
Wo fanden die letzten olympischen Sommerspiele statt?
a) Sydney
b) Athen
c) Barcelona
d) Los Angeles

Frage 8
Wie heißt die Südspitze Südamerikas?
a) Kap Hoorn
b) Kap der guten Hoffnung
c) Kap Arkona
d) Kap Komorin

Frage 9
Welcher Staat grenzt nicht an den Victoriasee?
a) Kenia
b) Tansania
c) Burundi
d) Uganda

Frage 10
Wer entwickelte die Spektralanalyse?
a) Kirchhoff
b) Fraunhofer
c) Bohr
d) Brahe

Frage 11
Welche Schriftstellerin verarbeitete den Eichmann Prozess in dem Werk *Eichmann in Jerusalem*?
a) Anna Seghers
b) Hannah Arendt

c) Elfriede Jelinek
d) Ingeborg Bachmann

Frage 12
Wieviel Grad beträgt die Winkelsumme eines Dreiecks?

Frage 13
Ordnen Sie den folgenden Autoren Stilrichtungen zu!
a) Eduard von Keyserling
b) Heinrich von Kleist
c) Fontane
d) Franz Kafka

Frage 14
Was ist eine Pietà? Nennen Sie ein berühmtes Beispiel!

Frage 15
Was ist eine Glyptothek?

Frage 16
Ordnen Sie folgende bekannte Bauwerke den jeweiligen Stilepochen zu!
a) Kölner Dom
b) Schloss Neuschwanstein
c) Einsteinturm
d) Residenz in Würzburg

Frage 17
Wie nennt sich bei den Damen das Pendant zum Davis Cup?
a) Fed Cup
b) Grand-Slam
c) Admiral's Cup
d) Tennis Masters Cup

Frage 18
Wie lang ist die Marathonstrecke?

Frage 19
Wer wird als Konzertmeister bezeichnet?
a) Der Dirigent

b) Der Direktor eines Opernhauses
c) Der technische Leiter
d) Der erste Geiger eines Orchesters

Frage 20
a) Welche fünf Länder sind die bevölkerungsreichsten der Erde (Reihenfolge)? Geben Sie die ungefähre Bevölkerungszahl an!
b) An welcher Position steht Deutschland?

Frage 21
a) Wann und von wem wurde der Jesuitenorden gegründet?
b) Welcher Staat ist gemeint, wenn man vom *Jesuitenstaat* spricht?

Frage 22
Wie heißt die Urkunde der Freiheitsrechte des Adels gegenüber dem König von England aus dem Jahre 1215?
a) Inkunabel
b) Magna Charta
c) Goldene Bulle
d) Bill of Rights

Frage 23
Welcher römische Kaiser trat als erster zum Christentum über?
a) Justinian I.
b) Theoderich der Große
c) Augustus
d) Konstantin I.

Frage 24
Wie hieß der 1968 ermordete amerikanische Bürgerrechtler, dessen Ausspruch *I have a dream* berühmt wurde?
a) Malcolm X
b) Sun Ra
c) Elija Muhammad
d) Martin Luther King

Frage 25
Wie lautete der ursprüngliche Name des Begründers des Buddhismus?
a) Zarathustra
b) Laotse
c) Siddharta Gautama
d) Tenzin Gyatso

Lösungen Test 5

★☆☆☆ **Frage 1**
Richtige Antwort: a)
a) *Die Räuber*, uraufgeführt in Mannheim 1782
b) Kabale und Liebe
c) Wallenstein
d) *Wilhelm Tell*, sein letztes Drama, uraufgeführt 1804 in Weimar

★☆☆☆ **Frage 2**
Richtige Antwort: b)
a) Lord Byron (1788–1824), engl. Dichter
b) Shakespeare (1564–1616), vgl. 4, 10
c) Blake (1757–1827), engl. Dichter und Maler, Mystiker
d) Novalis, Pseudonym für Friedrich v. Hardenberg (1772–1801), Dichter der Frühromantik, wichtiges Werk: Gedichtzyklus *Hymnen an die Nacht*

★★★☆ **Frage 3**
Richtige Antwort: a)
a) *Der Stellvertreter*, Stück über die Schuld Papst Pius XII. zur Nazizeit, Uraufführung 1963 in Berlin durch **Erwin Piscator** (1893–1966, politisches und episches Theater), Hochhuth als Vertreter des Dokumentartheaters
b) *Mein Kampf*, Stück des ungar. Schriftstellers **George Tabori**
c) *Anschwellender Bocksgesang*, Stück des Dramatikers **Botho Strauß**
d) *Heldenplatz*, Drama von **Thomas Bernhard** im Auftrag von Claus Peymann (jetzt Berliner Ensemble) zum 100. Geburtstag des Wiener Burgtheaters, Uraufführung 1988 wurde zum Skandal
Exkurs: Thomas Bernhard (1931–89) weitere wichtige Werke: *Der Deutsche Mittagstisch, Der Theatermacher, Alte Meister, Der Untergeher*

Frage 4 ★★★☆
Richtige Antwort: c)
a) Karl Valentin (1882–1948), bayerischer Kabarettist mit Partnerin Liesl Karlstadt
b) Heinrich Böll (1917–85), 1972 Nobelpreis für Literatur, wichtige Werke: *Ansichten eines Clowns, Die verlorene Ehre der Katharina Blum, Irisches Tagebuch*
c) Carl Zuckmayer (1896–1977), wichtiges Werk: *Des Teufels General*
d) Alfred Andersch (1914–80), Mitglied der **Gruppe 47** (Nachkriegszeit, zugehörig waren u.a. Böll, Bachmann, Hildesheimer, Johnson, Weiss, Celan, Walser, Grass), wichtiges Werk: *Sansibar oder der letzte Grund*

Frage 5
Richtige Antwort: c)
a) Lapislazuli, blauglänzendes Mineralgemisch
b) Stalaktiten, von unten nach oben hängend
c) Stalagmiten
d) Stalagnat ist eine Tropfsteinsäule

Frage 6 ★★★★
Richtige Antwort: b)
a) Theodor Fontane (1819–98), vgl. 4, 20 d)
b) Johann Wolfg. v. Goethe (1749–1832), vgl. 4, 6 d)
c) Thomas Mann, (1875–1955 geb. Lübeck, gest. Zürich), vgl. 3, 12 c)
d) Adalbert Stifter (1805–60), vgl. 4, 20 d)

Frage 7 ★☆☆☆
Richtige Antwort: b)
a) Sydney, 2000
b) Athen, 2004, der Fackellauf 2004 war der erste, der auch durch Südamerika, Afrika und Indien führte
c) Barcelona, 1992
d) Los Angeles, 1984. Boykott durch die sozialist. Länder, die stattdessen Wettkämpfe der Freundschaft durchführten
Exkurs: Die olymp. Sommerspiele 2008 finden in

63

Peking, 2012 in London statt. Die olymp. Winterspiele 2006 fanden in Turin statt, 2010 werden sie in Vancouver stattfinden, 2014 in Sotschi (Russland, am Schwarzen Meer)

Frage 8
Richtige Antwort: a)
a) Kap Hoorn
b) Kap der guten Hoffnung, Südspitze Afrikas
c) Kap Arkona, Küstengebiet auf der Insel Rügen
d) Kap Komorin, Südspitze Indiens

Frage 9
Richtige Antwort: c)
Drittgrößter See der Welt nach dem Kaspischen Meer und dem Oberen See zwischen USA und Kanada

★★☆☆ **Frage 10**
Richtige Antwort: a)
a) Kirchhoff (1824–87), zusammen mit Bunsen begründete er die Spektralanalyse
b) Fraunhofer (1787-1826), Erfinder des Spektroskops und bedeutend im Fernrohrbau
c) Bohr (1885–1962), dänischer Physiker, Nobelpreis 1922, Entwicklung des nach ihm benannten Atommodells
d) Brahe (1546–1601), dänischer Astronom,

★★★☆ **Frage 11**
Richtige Antwort: b)
a) Anna Seghers (1900–83), wichtiges Werk: *Das siebte Kreuz*
b) Hannah Arendt (1906–75)
c) Elfriede Jelinek, österr., Nobelpreis 2004, wichtiges Werk: *Die Klavierspielerin*
d) Ingeborg Bachmann, österr., wichtiges Werk: *Malina*

Frage 12
Richtige Antwort: 180 Grad

Frage 13 ★★★★
Ordnen Sie den folgenden Autoren Stilrichtungen zu!
a) Eduard von Keyserling (1855–1918), Impressionist, wichtiges Werk: *Wellen*
b) Heinrich von Kleist (1777–1811), Dichter der Romantik, wichtige Werke: *Der zerbrochne Krug, Amphitryon, Das Erdbeben in Chili, Die Marquise von O..., Michael Kohlhaas, Penthesilea*
c) Fontane (1819–98), Realismus, vgl. 4, 20 d)
d) Franz Kafka (1883–1924), Surrealismus, vgl. 1, 5

Frage 14
Richtige Antwort: Darstellung der trauernden Maria mit dem toten Jesus, Pietà von **Michelangelo** im Petersdom

Frage 15
Richtige Antwort: Eine antike Skulpturensammlung

Frage 16 ★★★☆
Richtige Antworten:
a) Gotik - Kölner Dom
b) Historismus – Neuschwanstein (ca. 1880)
c) Expressionismus – Einsteinturm (in Potsdam erbaut von Erich Mendelsohn 1924)
d) Barock - Residenz Würzburg (1780 fertiggestellt von **Balthasar Neumann**)

Frage 17 ★☆☆☆
Richtige Antwort: a)
a) Fed Cup
b) Grand-Slam, Bez. für die wichtigsten vier Tennisturniere: Australian Open, French Open, Wimbledon, US Open
c) Admiral's Cup, bedeutender Segelwettbewerb für Hochseeyachten in Großbritannien
d) Tennis Masters Cup, eines der wichtigsten Tennisturniere

Frage 18
Richtige Antwort: 42,195 km

Exkurs: Die Legende (durch den griech. Geschichtsschreiber **Plutarch**) sagt, dass nach dem Sieg der Athener über die Perser bei Marathon 490 v. Chr. ein Bote die Strecke nach Athen lief, um die Siegesbotschaft zu verkünden

Frage 19
Richtige Antwort: d)

★★☆☆ **Frage 20**
Antwort a) (Stand 09/2007)
1. China (1,3 Mrd.)
2. Indien (1,1 Mrd.)
3. USA (302 Mio.)
4. Indonesien (232 Mio.)
5. Brasilien (189 Mio.)
Antwort b)
Rang 14 mit 82 Mio.

Frage 21
a) 1534 von Ignatius von Loyola u.a. gegründet
b) In Paraguay bestand von 1610–1767 ein Jesuitenstaat

★★☆☆ **Frage 22**
Richtige Antwort: b)
a) Inkunabel, Druckwerk aus den Anfängen der Buchdruckerkunst (1450-1500)
   Exkurs: Erfinder des Buchdrucks mit bewegl. Metalllettern war **Johannes Gutenberg** (1400-68)
b) Magna Charta von 1215, unterzeichnet von König Johann I. ohne Land
c) Goldene Bulle, sog. Grundgesetz des Heiligen Römischen Reiches von 1356 wichtigstes Verfassungsdokument des Reiches über die Wahl der Könige durch die Kurfürsten
d) Bill of Rights, engl. Staatsgrundgesetz von 1689, umfangreiche Rechte des Parlaments

★☆☆☆ **Frage 23**
Richtige Antwort: d)

a) Justinian I., oströmischer (byzantinischer) Kaiser, 528–542 (verheiratet mit Theodora)
b) Theoderich der Große (424–526) Ostgotenkönig, vgl. 4, 2 a)
c) Augustus (eigtl. Gaius Octavius) (63 v. Chr.–14 n. Chr.), Großneffe Julius Cäsars, von diesem adoptiert, Begründer des röm. Kaisertums
d) Konstantin I. (272–337), röm. Kaiser, Toleranzedikt von Mailand 313 zugunsten der Christen, 330 Verlegung des Kaisersitzes von Rom nach Byzanz, Taufe vor seinem Tod

Frage 24
Richtige Antwort: d)
a) Malcolm X, amerik. Bürgerrechtler, 1965 ermordet, Mitglied der *Nation of Islam* und *Black Muslims*
b) Sun Ra, amerik. Jazzmusiker des *Free Jazz*
c) Elija Muhammad, amerik. langjähriges Oberhaupt der *Black Muslims*
d) Martin Luther King, amerik. Bürgerrechtler, 1964 Friedensnobelpreis

Frage 25 ★☆☆☆
Wie lautete der ursprüngliche Name des Begründers des Buddhismus?
a) Zarathustra (630–553 v. Chr.), pers. Begründer des Parsismus (auch Zoroastrismus), die heilige Schrift des Parsismus heißt Awesta
b) Laotse, chin. Philosoph (4. Jhdt. v. Chr.), Begründer des philosoph. Daoismus
c) Siddharta Gautama, ind. (6. Jhdt. v. Chr.), Buddha – Der Erleuchtete, Religion geprägt durch die *vier edlen Wahrheiten*
d) Tenzin Gyatso, Name des derzeitigen Dalai Lama

**Allgemeinwissen
Test 6**

Frage 1
Wann wurde in Deutschland das Frauenwahlrecht eingeführt?
a) 1913
b) 1918
c) 1922
d) 1945

Frage 2
Welche Figur findet sich nicht im Nibelungenlied?
a) Dietrich von Bern
b) Hagen von Tronje
c) Kriemhild
d) Odoaker

Frage 3
Welche Disziplin gehört nicht zum Modernen Fünfkampf?
a) Pistolenschießen
b) Springreiten
c) Degenfechten
d) Radfahren

Frage 4
Welcher der folgenden Staaten gehört nicht zu den Visegrad-Staaten?
a) Polen
b) Ungarn
c) Rumänien
d) Slowakei

Frage 5
Welches der folgenden Ämter bekleidete Walter Hallstein nicht?
a) Präsident der EWG Kommission
b) Vorsitzender des Auswärtigen Ausschusses im Bundestag
c) Staatssekretär im Bundeskanzleramt

d) Staatssekretär im Auswärtigen Amt

Frage 6
Wieviele Asylbewerber gibt es jährlich ungefähr in Deutschland?
a) 14.000
b) 21.000
c) 28.000
d) 35.000

Frage 7
Wie heißt der internationale Verein für Hochbegabte?
a) ALFA
b) MENSA
c) DAAD
d) ERASMUS

Frage 8
Wer gilt als Erfinder des Blitzableiters?
a) Issak Newton
b) James Watt
c) Benjamin Franklin
d) Thomas Edison

Frage 9
Welche(r) europäische(r) Herrscher(in) besaß ein Reich *in dem die Sonne nicht unterging*?
a) Kaiser Karl V.
b) Kaiser Karl VI.
c) Kaiserin Maria Theresia
d) Königin Elisabeth I.

Frage 10
Auf welchen Grundbaustoff baut die organische Chemie auf?
a) Kohlenstoff
b) Wasserstoff
c) Sauerstoff
d) Stickstoff

Frage 11
Von wem stammt der Roman *Dr. Schiwago*?
a) Solschenizyn
b) Bulgakow
c) Pasternak
d) Gorki

Frage 12
Wer ist der europäische Bürgerbeauftragte?
a) Jacob Söderman
b) Philippe Maystadt
c) Nikiforos Diamandouros
d) Juan Manuel Fabra Vallés

Frage 13
Wer gehörte nie der EU Kommission an?
a) Valéry Giscard d'Estaing
b) Viviane Reding
c) Neil Kinnock
d) Karel van Miert

Frage 14
Welches der folgenden Länder gehört nicht zu den Nachbarstaaten Malis?
a) Burkina Faso
b) Guinea
c) Senegal
d) Ghana

Frage 15
Welcher der folgenden Radrennfahrer hat die Tour de France als erster Teilnehmer fünfmal hintereinander gewonnen?
a) Jacques Anquetil
b) Eddy Merckx
c) Miguel Indurain
d) Lance Armstrong

Frage 16
Das Betriebssystem Linux hat ein Maskottchen als Begleiter zugeordnet. Und zwar...

a) einen kleinen Jungen mit Schmusedecke
b) einen Pinguin
c) eine Schildkröte
d) einen Delfin

Frage 17
Welcher Deutsche erhielt den ersten Nobelpreis für Medizin, der jemals vergeben wurde?
a) Robert Koch
b) Emil Behring
c) Otto Loewi
d) Paul Ehrlich

Frage 18
Welcher Roman wurde als Antikriegsroman berühmt?
a) In Stahlgewittern
b) Im Westen nichts Neues
c) Krieg und Frieden
d) So weit die Füße tragen

Frage 19
Welcher der folgenden Künstler gehört nicht zum Zeitalter der Renaissance?
a) Sandro Botticelli
b) Raffael Santi
c) Albrecht Dürer
d) Peter Paul Rubens

Frage 20
Wer erhielt im Jahr 2002 den Aachener Karlspreis?
a) Jean-Claude Juncker
b) Der Euro
c) Papst Johannes Paul II.
d) Die Vereinten Nationen

Frage 21
Welcher der folgenden Autoren ist kein Vertreter der *Epoche der Empfindsamkeit*?
a) Wilhelm Hauff
b) Friedrich Gottlieb Klopstock
c) Johann Gottfried Schnabel

d) Christian Fürchtegott Gellert

Frage 22
Welche(r) Künstler(in) gewann 2008 den Grammy für den Song des Jahres?
a) Norah Jones
b) Amy Winehouse
c) Bruce Springsteen
d) 50Cent

Frage 23
Welche Krankheit wird von der *Anopheles Mücke* übertragen?
a) Gelbes Fieber
b) Typhus
c) Malaria
d) Schlafkrankheit

Frage 24
Welche Weltmeisterschaft fand 2006 nicht in Deutschland statt?
a) Fußball
b) Hockey
c) Handball
d) Turnen

Frage 25
Von wem stammt das Werk *Über die Unfähigkeit zu trauern*?
a) Alexander Mitscherlich
b) Sigmund Freud
c) Theodor W. Adorno
d) Jürgen Habermas

Lösungen Test 6

Frage 1
Richtige Antwort: b)
Exkurs: Als erster souveräner Staat führte Australien 1902 das Frauenwahlrecht ein, in Europa zuerst Finnland 1906

★☆☆☆

Frage 2
Richtige Antwort: d)
a) Dietrich von Bern, gilt als Verkörperung Theoderichs des Großen
   Exkurs: Theoderich (424–526) Ostgotenkönig, schließlich Stellvertreter des oströmischen Kaisers in Rom
b) Hagen von Tronje, Widersacher Siegfrieds und dessen Mörder, treuer Gefolgsmann des Königs Gunther (*Nibelungentreue*)
c) Kriemhild, Frau Siegfrieds, heiratet nach dessen Tod Etzel
d) Odoaker, ital. König seit 476, von Theoderich ermordet

Frage 3
Richtige Antwort: d)
Exkurs: Radfahren ist Teil des **Triathlons**, ebenso wie Schwimmen und Marathonlauf

★☆☆☆

Frage 4
Richtige Antwort: c)
Zur Visegrad-Gruppe gehören Polen, Ungarn, Tschechien, Slowakei

Frage 5
Richtige Antwort: b)
Exkurs: *Hallstein Doktrin*: die Aufnahme diplomatischer Beziehungen von Drittstaaten mit der DDR wurde aufgrund des Alleinvertretungsanspruchs der BRD als unfreundlicher Akt gewertet. Diplomat. Beziehungen zu diesen Staaten wurden abgebrochen.

Frage 6
Richtige Antwort: b)
21.000 (Erstanträge, Stand 2006), die meisten Antragsteller kamen aus dem Irak und aus der Türkei, meist kurdischer Abstammung
Exkurs: Unter **Dublinverfahren** versteht man die Vereinbarung der EU, Norwegen, Islands und der Schweiz, die verhindern soll, dass Asylsuchende in mehreren Ländern um Asyl ansuchen können. Stellt sich im Zuge des Aufnahmeverfahrens heraus, dass der Flüchtling bereits in einem anderen EU-Land Schutz gefunden hätte, regelt das Dublin-Verfahren die Übergabe an das Ersteintrittsland.

Frage 7
Richtige Antwort: b)
a) ALFA (América Latina Fórmacion Académica), Hochschulkooperationsprogramm der EU mit Lateinamerika
b) MENSA
c) DAAD (Deutscher Akademischer Austauschdienst), Einrichtung der dt. Hochschulen, Mittlerorganisation der Auswärtigen Kulturpolitik, fördert die internationalen Beziehungen der dt. Hochschulen mit dem Ausland
d) ERASMUS (European Region Action Scheme for the Mobility of Students) seit 1987, Programm der EU als Teil des Sokrates Programms. Förderung der Internationalisierung der Hochschulen und Studierenden
Exkurs: Erasmus von Rotterdam (1465 – 1536), bedeutender Humanist

★★☆☆ **Frage 8**
Richtige Antwort: c)
a) Issak Newton (1643–1727), wichtiges Werk: *Principia Mathematica* mit den drei Grundsätzen der Bewegung (**Newtonsche Axiome**): Trägheitsprinzip, Aktionsprinzip, Wechselwirkungsprinzip (action = reactio), Newton bekleidete den *Lukasischen* Lehrstuhl für

Mathematik in Cambridge, den jetzt **Stephen Hawking** (*Eine kurze Geschichte der Zeit*, *Das Universum in der Nussschale*) innehat.
b) James Watt (1736–1819) schott. Erfinder der Dampfmaschine, nach ihm ist die physikalische Einheit der **Leistung** benannt.
c) Benjamin Franklin (1706–90), vgl. 3, 9 b)
d) Thomas Edison (1847–1931), vgl. 1, 14 a)

Frage 9
Richtige Antwort: a), vgl. 1, 1
a) Kaiser Karl V.
b) Kaiser Karl VI. (1685–1740), Niederlage im span. Erbfolgekrieg zugunsten Frankreichs, Türkenkriege, **Pragmatische Sanktion** 1713 zur Sicherung der weibl. Thronfolge, die durch seine Tochter Maria Theresia angetreten wurde
c) Maria Theresia (1717–80), schles. Kriege und siebenjähriger Krieg gegen Friedrich den Großen, Mutter Marie Antoinettes, Königin v. Frankreich
d) Elisabeth I. von England (1533–1603), letzte Tudor-Herrscherin, Tochter Heinrichs VIII., Vernichtung der span. Armada Philipps II. 1588

Frage 10
Richtige Antwort: a)
a) Kohlenstoff, einer der wichtigsten Bausteine irdischen Lebens (chem. Symbol C)
b) Wasserstoff, das häufigste Element des Universums (H)
c) Sauerstoff, das häufigste Element auf der Erde (O)
d) Stickstoff, Hauptbestandteil der Luft (N)

Frage 11 ★★☆☆
Richtige Antwort: c)
a) Solschenizyn (geb. 1918), 1970 Nobelpreis für Literatur, 1974 Ausweisung aus der UdSSR. Wichtige Werke: *Krebsstation, Der erste Kreis der Hölle, Ein Tag im Leben des Iwan Denissowitsch, Der Archipel Gulag*
b) Bulgakow (1891 – 1940), wichtiges Werk: *Der*

Meister und Margarita
c) Pasternak (1890 – 1960) Nobelpreis 1958, gleichnamiger Film mit Omar Sharif
d) Gorki (1868 – 1936), Schriftsteller des sozialist. Realismus, <u>wichtige Werke:</u> *Mutter, Nachtasyl* (Drama)

★☆☆☆ **Frage 12**
Richtige Antwort: c)
a) Jacob Söderman (Finnland), erster Amtsinhaber von 1995 bis 2003
b) Philippe Maystadt (Belgien), seit 2000 Präsident der Europäischen Investitionsbank (EIB) in Luxemburg
c) Nikiforos Diamandouros (Griechenland), Amtsinhaber seit 2003
d) Juan Manuel Fabra Vallés (Spanien), ehemaliger Präsident des Europäischen Rechnungshofs (ERH)
Das Amt wurde mit dem **Vertrag von Maastricht** 1992 geschaffen

★☆☆☆ **Frage 13**
Richtige Antwort: a)
a) Giscard d'Estaing, 1974–81 franz. Staatspräsident, 2001 Präsident des **europ. Konvents** zur Ausarbeitung einer europ. Verfassung
b) Viviane Reding, luxemb. (EU Medienkommissarin)
c) Neil Kinnock, engl. (Mitglied bis 2004)
d) Karel van Miert, belg. (Mitglied bis 1999), jetzt Koordinator des TEN Projektes Nr. 1 (Eisenbahnlinie zw. Berlin und Palermo)

Frage 14
Richtige Antwort: d)
Mali, Republik in Westafrika. Ehemals Franz.-Sudan mit der Hauptstadt Bamako. Die Nachbarländer sind: Algerien, Mauretanien, Senegal, Guinea, Niger, Burkina Faso, Elfenbeinküste

Frage 15
Richtige Antwort: c)
Miguel Indurain (Spanien), Sieger 1991-95

Lance Armstrong (USA), Sieger 1999–2005 und Dauergegner Jan Ullrichs (bislang einziger deutscher Sieg 1997)

Frage 16
Richtige Antwort: b)
a) *Der kleine Junge mit der Schmusedecke*, Anspielung auf Linus, den Bruder von Lucy und Freund von Charlie Brown. Figur der Comicserie *Die Peanuts* von Charles M. Schulz.

Frage 17 ★★★☆
Richtige Antwort: b)
a) Robert Koch (1843–1910), entdeckte den Erreger der Tuberkulose und der Cholera, Nobelpreis 1905
b) Emil Behring (1854–1917), grundlegende Forschungen zur Serumtherapie, Nobelpreis 1901
c) Otto Loewi (1873–1961), öster.-dt.-amerik. Pharmakologe, 1936 Nobelpreis
d) Paul Ehrlich (1854–1915), Begründer der Immunologie, Nobelpreis 1908

Frage 18 ★★☆☆
Richtige Antwort: b)
a) *In Stahlgewittern*, Kriegsroman (1. WK) von **Ernst Jünger** (1895–1998), wichtiges Werk: *Auf den Marmorklippen*
b) *Im Westen nichts Neues* von Erich Maria Remarque (1898–1970) über den 1. WK
c) *Krieg und Frieden* von Lew Tolstoi (1828–1910), wichtiges Werk: *Anna Karenina*
d) *So weit die Füße tragen* von Josef Bauer über die Flucht aus einem Kriegsgefangenenlager in der UdSSR

Frage 19 ★★★☆
Richtige Antwort: d)
a) Sandro Botticelli (1445–1510), italien. Maler der (Früh-) Renaissance, wichtiges Werk: *Die Geburt der Venus*
b) Raffael Santi (gen. Raffael, 1483–1520), wichtiges

Werk: *Sixtinische Madonna*
c) Albrecht Dürer (1471–1528), vgl. 2, 19 e)
d) Peter Paul Rubens (1577–1640), vgl. 3, 14 e)

Frage 20
Richtige Antwort: b)
a) Jean-Claude Juncker, Preisträger 2006, luxemb. Premierminister, seit 2004 Vorsitz der **Eurogruppe**, einem informellen Gremium der EU zur Koordinierung der Steuer- und Wirtschaftspolitik in der Eurozone
b) Der Euro
c) Papst Johannes Paul II., 2004 erster außerordentlicher Karlspreis
d) Die Vereinten Nationen, kein Preisträger

★★☆☆ **Frage 21**
Richtige Antwort: a)
a) Wilhelm Hauff (1802–27), Schriftsteller des Biedermeier, berühmt sind die Märchen: *Der kleine Muck, Zwerg Nase, Das kalte Herz, Das Wirtshaus im Spessart*
b) Friedrich Gottlieb Klopstock (1724–1803), Wegbereiter der modernen deutschen Lyrik
c) Johann Gottfried Schnabel (1692–1750)
d) Christian Fürchtegott Gellert (1715–69), <u>wichtiges Werk:</u> *Das Leben der schwedischen Gräfin von G.*
Literar. Strömung innerhalb der Aufklärung (2. Hälfte 18. Jhdt.), dann Übergang zur Sturm und Drang Epoche, <u>wichtige Vertreter:</u> Rousseau, Prévost, <u>deutsche Werke:</u> Klopstocks *Gesänge* und Goethes *Die Leiden des jungen Werthers*

Frage 22
Richtige Antwort: b)
a) Norah Jones (wird fast jährlich ausgezeichnet)
b) Amy Winehouse, Star der Verleihung 2008 mit weiteren Auszeichnungen
c) Bruce Springsteen (Bester Song, wird fast jährlich ausgezeichnet)

d) 50Cent (bestes Rap Solo)

Frage 23
Richtige Antwort: c)
Die Schlafkrankheit wird durch die Tsetsefliege übertragen

Frage 24
Richtige Antwort: d)
Die Weltmeisterschaft im Turnen fand 2007 in Stuttgart statt. Überragender dt. Turner: **Florian Hambüchen**

Frage 25 ★★★☆
Richtige Antwort: a)
a) Alexander Mitscherlich (1908 – 1982), Arzt und Psychoanalytiker, hat das Werk zus. mit seiner Frau Margarete verfasst. Wichtiges Werk: *Auf dem Weg zur vaterlosen Gesellschaft*
b) Sigmund Freud (1856 – 1939), öster. Nervenarzt, Begründer der Psychoanalyse
c) Theodor W. Adorno (1903 – 1969), Philosoph und Soziologe, mit Max Horkheimer Hauptvertreter der *kritischen Theorie* und der **Frankfurter Schule**, wichtiges Werk: *Dialektik der Aufklärung*
d) Jürgen Habermas (geb. 1929), Philosoph und Soziologe, 2004 Kyoto Preis

Allgemeinwissen
Test 7

Frage 1
Welches Werk Schillers spielt im Dreißigjährigen Krieg?
a) Der Prinz von Homburg
b) Kabale und Liebe
c) Don Carlos
d) Wallenstein

Frage 2
Wer komponierte die *Bilder einer Ausstellung*?
a) Tschaikowski
b) Mussorgsky
c) Saint Saens
d) Messiaen

Frage 3
Wer schrieb das *War Requiem*?
a) Gershwin
b) Elgar
c) Britten
d) Purcell

Frage 4
Welcher Architekt wurde mit dem Umbau der Museumsinsel in Berlin beauftragt?
a) Foster
b) Kollhoff
c) Chipperfield
d) Pei

Frage 5
Wie heißt der höchste Berg des Kaukasus?
a) Narodnaja
b) Elbrus
c) Kongur
d) Tirich Mir

Frage 6
Welche historische Persönlichkeit verbirgt sich hinter dem Namen *Francois Marie Arouet*?
a) Diderot
b) Descartes
c) Montesquieu
d) Voltaire

Frage 7
Welches der folgenden Werke stammt nicht von Gotthold Ephraim Lessing?
a) Emilia Galotti
b) Minna von Barnhelm
c) Nathan der Weise
d) Geschichte des Fräuleins von Sternheim

Frage 8
Welcher gilt als höchster jüdischer Feiertag?
a) Pessach
b) Bar Mitzwa
c) Chanukka
d) Jom Kippur

Frage 9
Von wem stammt das Werk *Der Steppenwolf*?
a) Hermann Hesse
b) Theodor Storm
c) Gerhard Hauptmann
d) Arthur Schnitzler

Frage 10
Welcher Musiker wurde von der engl. Königin bislang noch nicht für sein gesellschaftliches Engagement geadelt?
a) Paul Mc Cartney
b) Bob Geldof
c) Elton John
d) Phil Collins

Frage 11
Von wem stammt das Bild *Guernica*?

a) Dali
b) Goya
c) Picasso
d) Velazquez

Frage 12
Wer komponierte den *Messias*?
a) Mendelssohn-Bartholdy
b) Händel
c) Bach
d) Bruckner

Frage 13
Wieviele selbständige (völkerrechtlich anerkannte) Staaten gibt es weltweit?
a) 191
b) 229
c) 165
d) 258

Frage 14
Welche dieser Opern stammt nicht von Richard Wagner?
a) Das Rheingold
b) Walküre
c) Die Macht des Schicksals
d) Der fliegende Holländer

Frage 15
Welcher dieser Politker erhielt keinen Friedensnobelpreis?
a) Waldheim
b) Carter
c) Brandt
d) Arafat

Frage 16
Wer war nie Chefdirigent der Berliner Philharmoniker?
a) Claudio Abbado
b) Wilhelm Furtwängler
c) Bruno Walter

d) Sergiu Celibidache

Frage 17
Welches gehört nicht zu den antiken sieben Weltwundern?
a) Die Pyramiden von Gizeh
b) Die hängenden Gärten der Semiramis
c) Der Leuchtturm von Alexandria
d) Das Kolosseum in Rom

Frage 18
Welcher Künstler schuf das *Bauernkriegspanaroma* in Bad Frankenhausen?
a) Albrecht Dürer
b) Werner Tübke
c) Stefan Lochner
d) Anselm Feuerbach

Frage 19
Wo findet das Neujahrsspringen der Skispringer statt?
a) Innsbruck
b) Garmisch
c) Oberstorf
d) Bischofshofen

Frage 20
Welches Land grenzt nicht an das Kaspische Meer?
a) Iran
b) Kasachstan
c) Aserbaidschan
d) Armenien

Frage 21
Welches ist kein sog. Weltraumbahnhof?
a) Cape Canaveral
b) Kourou
c) Baikonur
d) Atacama

Frage 22
Wie hieß der erste Präsident der DDR?

a) Otto Grotewohl
b) Wilhelm Pieck
c) Willi Stoph
d) Ernst Thälmann

Frage 23
Die Werke welchen Malers sind durch sein Leben in der Südsee beeinflusst?
a) Paul Gauguin
b) Vincent van Gogh
c) Henri Rousseau
d) Francis Bacon

Frage 24
Mit welcher Geschwindigkeit bewegt sich das Licht (km/s)?
a) 300.000
b) 600.000
c) 900.000
d) 100.000

Frage 25
Von welchem Regisseur(in) stammt der Film *Der Triumph des Willens* über den Reichsparteitag der NSDAP 1934?
a) Veit Harlan
b) Helmut Käutner
c) Leni Riefenstahl
d) Friedrich Murnau

Lösungen Test 7

Frage 1 ★☆☆☆
Richtige Antwort: d)
a) Das Werk ist von Heinrich von Kleist, nicht von Schiller. *Der Prinz von Homburg* spielt zur Zeit der Schlacht von Fehrbellin 1675, in der der **Große Kurfürst** Friedrich Wilhelm I. die Schweden besiegt und somit den Niedergang Schwedens als Großmacht einleitet. Die gleichnamige **Oper von Henze** basiert auf dem Stück, welches von Ingeborg Bachmann adaptiert wurde
b) Kabale und Liebe, von Verdi als Oper Luise Miller vertont
c) Don Carlos, Drama über den Sohn Philipps II. von Spanien und somit Enkel Karls V., von Verdi vertont als gleichnamige Oper
d) Wallenstein, kaiserlicher Generalissimus während des 30jährigen Krieges (1618 – 1648), verfiel in Ungnade und wurde ermordet

Frage 2 ★★☆☆
Richtige Antwort: b)
a) Tschaikowski (1840–93), wichtige Werke: Opern: *Eugen Onegin, Pique Dame*, Ballette: *Schwanensee, Dornröschen, Nussknacker*, Orchesterwerke: *Manfredsinfonie, Ouvertüre 1812*, Klavierkonzert Nr. 1
b) Mussorgsky (1839–81), ursprünglich nur Klavierwerk, von Ravel orchestriert. Wichtiges Werk: *Boris Godunow* (Oper)
c) Saint Saens (1835–1921), wichtige Werke: *Karneval der Tiere, Samson et Dalila* (Oper)
d) Messiaen (1908–92), franz. Komponist, wichtiges Werk: *Franz v. Assisi*

Frage 3 ★★☆☆
Richtige Antwort: c)
a) Gershwin (1898–1937) amerik., wichtige Werke: *Rhapsody in Blue, Ein Amerikaner in Paris, Porgy and Bess*

b) Elgar (1857–1934), Klassiker der *Last Night of the Proms* (jährliche Konzertveranstaltung in London), wichtige Werke: *Enigma Variationen, Pomp and Circumstances March*
c) Britten (1913–76), wichtige Opern: *Peter Grimes, Death in Venice* (nach Thomas Mann), *A Midsummer Night's Dream*
d) Purcell (1659–95)

★★★☆ **Frage 4**
Richtige Antwort: c)
a) Foster
b) Kollhoff, wichtiges Werk: Umbau der ehemaligen Reichsbank (ZK der SED) zum **Auswärtigen Amt**
c) Chipperfield
d) Pei, chin.-amerik., wichtiges Werk: Louvre, Deutsches Historisches Museum Berlin

★☆☆☆ **Frage 5**
Richtige Antwort: b)
a) Narodnaja, höchster Berg des Ural (1.895 m)
b) Elbrus (5.642 m)
c) Kongur, höchster Berg des Pamir (7.719 m), Gebirge in Zentralasien, liegt größtenteils in Tadschikistan
d) Tirich Mir, höchster Berg des Hindukusch (7.708 m), liegt größtenteils in Afghanistan

★★★☆ **Frage 6**
Richtige Antwort: d)
a) Diderot (1713–84), franz. Schriftsteller der Aufklärung, bekannt insbes. durch seine Enzyklopädie
b) Descartes (1596–1650), Begründer des Rationalismus (***cogito ergo sum*** = Ich denke, also bin ich), wichtiges Werk: *Meditationes de prima philosophia* (Meditationen über die Grundlagen der Philosophie)
c) Montesquieu (1689–1755), wichtiges Werk: *De l'esprit des loix* (mit der Begründung des Prinzips der **Gewaltenteilung**)

d) Voltaire (1694–1778), vgl. 2, 4 f)

Frage 7 ★★☆☆
Richtige Antwort: d)
a) Emilia Galotti
b) Minna von Barnhelm
c) Nathan der Weise, Lessings letztes Werk, in dem er seinem Freund **Moses Mendelssohn** (1729–86, wegbereitender Philosoph der jüd. Aufklärung) ein Denkmal setzt
d) Geschichte des Fräuleins von Sternheim, Werk der dt. Schriftstellerin Marie Sophie von La Roche (1730–1807)

Frage 8
Richtige Antwort: d)
a) Pessach, Erinnerung an den Auszug aus Ägypten
b) Bar Mitzwa, vergleichbar der Konfirmation
c) Chanukka, Lichterfest zur Feier des Sieges der Juden über die Griechen (164 v. Chr.)
d) Jom Kippur, Versöhnungstag,
Exkurs: 1973 Angriff Ägyptens und Syriens auf Israel (**Jom Kippur Krieg**)

Frage 9 ★★★★
Richtige Antwort: a)
a) Hermann Hesse (1877–1962), 1946 Nobelpreis für Literatur. <u>Wichtigste Werke:</u> *Siddartha, Narziß und Goldmund, Peter Camenzind, Das Glasperlenspiel*
b) Theodor Storm (1817–88), vgl. 4, 20 d)
c) Gerhard Hauptmann (1862–1942), vgl. 4, 20
d) Arthur Schnitzler (1862–1931), Vertreter der *Wiener Moderne*, <u>wichtige Werke:</u> *Leutnant Gustl, Traumnovelle* (von **Stanley Kubrick** verfilmt als *Eyes Wide Shut* mit Tom Cruise und Nicole Kidman), Schauspiel: *Der Reigen, Der einsame Weg*

Frage 10
Richtige Antwort: d)
a) Paul Mc Cartney, Musiker der Beatles,

b) Bob Geldof, irischer Musiker der *Boomtown Rats*, Organisator der Band und Live Aid Konzerte, 2006 nominiert für den Friedensnobelpreis
c) Mick Jagger, Frontmann der Rolling Stones (bestehend aus Keith Richards, Ron Wood, Charlie Watts)
d) Phil Collins, auch Frontmann und Schlagzeuger der Gruppe *Genesis*

★★★☆ **Frage 11**
Richtige Antwort: c)
a) Dali (1904–89), vgl. 3, 14 d)
b) Goya (1746–1828), span. Maler, <u>wichtiges Werk</u>: *Die Erschießung der Aufständischen*
c) Picasso (1881–1973), span. Maler, begründete mit Georges Braque (1882–1963) den *Kubismus*, das Bild erinnert an die Zerstörung der gleichnamigen Stadt durch die deutsche *Legion Condor*, die auf Seiten Francos in den span. Bürgerkrieg (1936–39) eingriff. Franco regierte bis 1975.
Exkurs: Ernest Hemingway (1899–1961) nahm als Reporter am span. Bürgerkrieg teil und schrieb über den Krieg den Roman *Wem die Stunde schlägt*
d) Velazquez (1599–1660), span. Maler des Barock

★★☆☆ **Frage 12**
Richtige Antwort: b)
a) Mendelssohn-Bartholdy (1809–47), vgl. 2, 10 a)
b) Händel (1685–1759), deutscher Musiker, arbeitete hauptsächlich in London, viele Opern, u.a.: *Julius Cäsar, Alcina*, <u>weitere Werke</u>: *Utrechter Te Deum, Dettinger Te Deum, Feuerwerks- und Wassermusik*
c) Bach (1685–1750), vgl. 3, 15 e)
d) Bruckner (1824–96), vgl. 4, 15 b)

Frage 13
Richtige Antwort: a)

Frage 14 ★★☆☆
Richtige Antwort: c)
Richard Wagner (1813–83), Musiker der Romantik, Begründer des Musikdramas, gefördert durch Ludwig II. von Bayern, wichtige Opern: *Rienzi, Der Fliegende Holländer, Tannhäuser (und der Sängerkrieg auf der Wartburg), Lohengrin, Der Ring des Nibelungen (bestehend aus Das Rheingold, Die Walküre, Siegfried, Götterdämmerung), Tristan und Isolde, Parsifal, Die Meistersinger von Nürnberg*
Die Macht des Schicksals ist eine Oper von Verdi

Frage 15 ★★☆☆
Richtige Antwort: a)
a) Waldheim, österr. Politiker, von 1972–81 UN-Generalsekretär, dann österr. Bundespräsident, Waldheimaffäre 1986, W. wurde nachgewiesen, dass er hinsichtl. seiner NS Vergangenheit gelogen hatte
b) Carter, amerik. Präsident, 2002 Friedensnobelpreis
c) Brandt (geb. Herbert Frahm), Bürgermeister von Berlin, Bundesaußenminister und Bundeskanzler (1969–74), Rücktritt im Rahmen der **Guillaume-Affäre** (enger Mitarbeiter Brandts wurde als Stasi-Spion enttarnt), Entspannung im Rahmen der Ostpolitik, dafür 1971 Friedensnobelpreis
d) Arafat, Gründer der Fatah und Vorsitzender der PLO, zuletzt Präsident der palästinensischen Autonomiegebiete (1996–2004), Friedensnobelpreis 1994

Frage 16 ★☆☆☆
Richtige Antwort: c)
a) Claudio Abbado 1989 Nachfolger Herbert v. Karajans
b) Wilhelm Furtwängler, vor und während der Nazi-Zeit Dirigent der Berliner, dann wieder ab 1952
c) Bruno Walter, deutscher Dirigent, 1933 Emigration in die USA
d) Sergiu Celibidache, 1945–52 Interims Dirigent, dann Münchener Philharmoniker

Exkurs: Seit 2002 ist **Simon Rattle** aus GB Chefdirigent

★☆☆☆ **Frage 17**
Richtige Antwort: d)
a) Die Pyramiden von Gizeh, einzig erhaltenes der sieben Weltwunder, bestehend aus Cheops, Chephren und Mykerinos Pyramide, entstanden ca. 2.500 v. Chr.
b) Die hängenden Gärten der Semiramis, in Babylon, **Zweistromland** (Irak, zwischen Euphrat und Tigris)
c) Der Leuchtturm von Alexandria
d) Das Kolosseum in Rom, Amphitheater 80 n. Chr.

★☆☆☆ **Frage 18**
Richtige Antwort: b)
a) Albrecht Dürer (1471–1528), vgl. 2, 19 e)
b) Werner Tübke (1929–2004), Mitglied der Leipziger Schule, realist. Malerei
c) Stefan Lochner (ca. 1410–51), sog. *Meister Stephan*, wichtiges Werk: *Madonna im Rosenhag*
d) Anselm Feuerbach (1829–80) dt. Maler

Frage 19
Richtige Antwort: b)
Das Neujahrsspringen ist Teil der **Vierschanzentournee.** In den anderen genannten Orten finden die übrigen Springen der Tournee statt

★☆☆☆ **Frage 20**
Richtige Antwort: d)
Der größte See der Welt. Anrainer sind Kasachstan, Russland, Aserbaidschan, Iran und Turkmenistan

Frage 21
Richtige Antwort: d)
a) US-amerikanisch
b) Europäisch in Franz. Guayana (Südamerika) gelegen
c) Russisch, in Kasachstan gelegen
d) Standort der ESO, der Europäischen Südsternwarte,

in Chile

Frage 22
Richtige Antwort: b)
a) Otto Grotewohl, erster Ministerpräsident der DDR
b) Wilhelm Pieck, 1949–60 erster und einziger Präsident der DDR
c) Willi Stoph, nach Ulbricht ab 1973 Vorsitzender des Staatsrates, ab 1976 von Erich Honecker abgelöst
d) Ernst Thälmann, seit 1925 Vorsitzender der KPD

Frage 23 ★★★☆
Richtige Antwort: a)
a) Paul Gauguin (1848–1903), Begründer des Synthetismus, Wegbereiter des Expressionismus, Aufenthalt und Tod in Polynesien (östl. Ozeanien)
b) Vincent van Gogh (1853–90), vgl. 2, 19 d)
c) Henri Rousseau (1844–1910), Wegbereiter des Surrealismus
d) Francis Bacon (1909–92), gegenständlicher irischer Maler, Darstellung des menschl. Körpers mit Deformationen
Exkurs: Ausstellung sog. plastinierter Körper durch **Gunther von Hagens**

Frage 24
Richtige Antwort: a)

Frage 25 ★☆☆☆
Richtige Antwort: c)
a) Veit Harlan, vgl. 2, 14 b)
b) Helmut Käutner, wichtige Filme: *Große Freiheit Nr. 7* (Hauptrolle: Hans Albers), *Des Teufels General* (Curd Jürgens), *Der Hauptmann von Köpenick* (Heinz Rühmann)
c) Leni Riefenstahl, weiterer wichtiger Film: *Olympia* (über die olympischen Spiele 1936)

d) Friedrich Murnau, gest. 1931, sein Film *Sunrise* erhielt bei der ersten Oscarverleihung drei Oscars, <u>wichtiger Film:</u> *Nosferatu, eine Sinfonie des Grauens*

Allgemeinwissen
Test 8

Frage 1
Welches Land ist bislang am häufigsten Fußball Weltmeister gewesen?
a) Deutschland
b) Brasilien
c) Italien
d) Frankreich

Frage 2
Welche dieser Städte ist keine Hauptstadt?
a) Astana
b) Malé
c) Maskat
d) Wuhan

Frage 3
Wer komponierte *Carmina Burana*?
a) Hans Werner Henze
b) Carl Orff
c) Bela Bartok
d) Karlheinz Stockhausen

Frage 4
Wo steht die bislang noch unvollendete Kathedrale *Sagrada Familia*, an der bereits seit 1882 gebaut wird?
a) Barcelona
b) Madrid
c) Mailand
d) Turin

Frage 5
Welcher Architekt war maßgeblich an dem Bau der Stadt Brasilia beteiligt?
a) Ieoh Ming Pei
b) Oscar Niemeyer
c) Le Corbusier
d) Egon Eiermann

Frage 6
Welches europäische Land führte zuerst das Frauenwahlrecht ein?
a) Finnland
b) Schweden
c) England
d) Deutschland

Frage 7
Welches Epos gilt als das größte literarische Werk der Babylonier?
a) Gilgamesch
b) Kalevala
c) Bhagavadgita
d) Kabbala

Frage 8
Welcher Maler gehörte nicht zu den *Fauves*?
a) Matisse
b) de Vlaminck
c) Courbet
d) Dufy

Frage 9
Welcher deutsche Politiker war gleichzeitig Bundeskanzler und vereidigter Außenminister?
a) Adenauer
b) Brandt
c) Schmidt
d) Schröder

Frage 10
Welche Kunstrichtung war in Europa im 16. Jahrhundert vorherrschend?
a) Rokoko
b) Renaissance
c) Gotik
d) Barock

Frage 11
Wer entwarf das Design der Euro-Noten?

a) Luigi Colani
b) Luc Luyckx
c) Robert Kalina
d) Pertti Mäkinen

Frage 12
Wie heißt das isländische Parlament?
a) Knesset
b) Sejm
c) Folketing
d) Althing

Frage 13
In welcher Stadt wurde Goethe geboren?
a) Frankfurt a.M.
b) Weimar
c) Berlin
d) Marbach/Neckar

Frage 14
Wer erhielt den ersten Friedensnobelpreis?
a) Linus Pauling
b) Internationales Komitee vom Roten Kreuz
c) Das Internationale Nansen-Büro für Flüchtlinge
d) Henry Dunant

Frage 15
Welcher Komponist schrieb *Porgy and Bess*?
a) Andrew Lloyd Webber
b) Leonard Bernstein
c) Benjamin Britten
d) George Gershwin

Frage 16
Welches dieser Werke ist nicht der Periode *Sturm und Drang* zuzuordnen?
a) Die Räuber
b) Götz von Berlichingen
c) Die Leiden des jungen Werther
d) Woyzeck

Frage 17
Welcher Regisseur drehte den Film *Lola rennt*?
a) Wolfgang Petersen
b) Detlev Buck
c) Tom Tykwer
d) Fatih Akin

Frage 18
Welcher mittelalterliche Herrscher schrieb ein auch heute noch maßgebliches Buch über die Falkenjagd?
a) Friedrich Barbarossa
b) Friedrich II.
c) Otto I. der Große
d) Heinrich IV.

Frage 19
Welcher Maler ist bekannt für seine Seerosenbilder?
a) Claude Monet
b) Eduard Manet
c) Emil Nolde
d) George Seurat

Frage 20
Welcher der folgenden Künstler ist kein Vertreter der *Neuen Leipziger Schule* oder der *Leipziger Schule*?
a) Wolfgang Matheuer
b) Neo Rauch
c) Arno Rink
d) Sigmar Polke

Frage 21
Wer dichtete das Epos *Deutschland ein Wintermärchen*?
a) Heinrich Heine
b) Joseph v. Eichendorff
c) Eduard Mörike
d) Hugo v. Hofmannsthal

Frage 22
Wie heißt der größte See der Erde?
a) Baikalsee

b) Viktoriasee
c) Michigansee
d) Kaspisches Meer

Frage 23
Wer ist Autor des Romans *Der Stechlin*?
a) Günther Grass
b) Theodor Fontane
c) Thomas Mann
d) Theodor Storm

Frage 24
Wie heißt der(die) derzeitige Erweiterungskommissar(in) der EU?
a) Olli Rehn
b) Günter Verheugen
c) Benita Ferrero-Waldner
d) Margot Wallström

Frage 25
Welche der folgenden Personen verbinden Sie mit der Arbeit Bertolt Brechts?
a) Anton v. Webern
b) Heiner Müller
c) Ernst Busch
d) Hilde Benjamin

Lösungen Test 8

Frage 1
Richtige Antwort: b)
a) Deutschland (1954, 1974, 1990)
b) Brasilien (fünfmal)
c) Italien (viermal, zuletzt 2006)
d) Frankreich (einmal)
Exkurs: Beckenbauer wurde als Spieler und als Trainer Weltmeister, 1974 Spiel der beiden deutschen Staaten gegeneinander, die DDR gewann durch ein Tor von **Sparwasser**. **Wembleytor**, umstrittenes engl. Tor im Endspiel WM 1966 zw. Deutschland und England.

★☆☆☆ **Frage 2**
Richtige Antwort: d)
a) Astana (Kasachstan, seit 1997, davor **Almaty**)
b) Malé (Malediven)
c) Maskat (Oman)
d) Wuhan (chin. Millionenstadt)

★☆☆☆ **Frage 3**
Richtige Antwort: b)
a) Hans Werner Henze, zeitgen. dt. Komponist, wichtige Werke: *Requiem, Prinz von Homburg, König Hirsch*
b) Carl Orff (1895 – 1982)
c) Bela Bartok (1881 – 1945), vgl. 4, 15 c)
d) Richard Strauss (1864 – 1949), vgl. 3, 15 f)

★☆☆☆ **Frage 4**
Richtige Antwort: a)
a) Barcelona, Werk von **Antoni Gaudi** (1852 – 1926), Wahrzeichen Barcelonas
b) Madrid, wichtiges Gebäude: Prado (Museum Malerei),
Exkurs: El Escorial in der Nähe Madrids war der Königspalast Philipps II.,Gegenspieler Elisabeths I., Untergang der **span. Armada** 1588
c) Mailand, Sehenswürdigkeiten: Dom (Gotik), ***Das Abendmahl*** (Fresco von Leonardo da Vinci, vgl. 1,

10 b)
d) Turin, 2006 olympische Winterspiele

Frage 5 ★☆☆☆
Richtige Antwort: b)
a) Ieoh Ming Pei
b) Oscar Niemeyer, brasil. Architekt, Brasilia Weltkulturerbe
c) **Le Corbusier**, franz. schweizer. Architekt (bürgerl. Name Jeanneret-Gris), wichtiges Werk: Corbusier-Hochhaus in Berlin
d) Egon Eiermann, Architekt der Gedächtniskirche in Berlin

Frage 6
Richtige Antwort: a), vgl. 6, 1

Frage 7 ★★☆☆
Richtige Antwort: a)
a) Gilgamesch, sumerischer König, Gilgamesch-Epos ca. 1000 v. Chr., ältestes Epos der Menschheit
b) Kalevala, finnisches Nationalepos, 1835 von Lönnrot zusammengestellt
c) Bhagavadgita, eines der heiligen Bücher des Hinduismus, Teil des ind. Volksepos Mahabharata ca. 4. Jhdt. v. Chr.
d) Kabbala, seit dem 13. Jahrhundert Bezeichnung der jüdischen Mystik und religionsphilosophischen Geheimlehre

Frage 8 ★★★☆
Richtige Antwort: c)
a) Matisse (1869 – 1954)
b) de Vlaminck (1876 -1958)
c) Courbet (1819 – 1877), franz. Maler des Realismus, Wegbereiter des Naturalismus
d) Dufy (1877 – 1953)
Exkurs: Die Fauves traten zuerst 1905 als Gruppe auf, angelehnt an den dt. Expressionismus

★☆☆☆ **Frage 9**
Richtige Antwort: a)
a) Adenauer, Bundeskanzler 1949 – 1963, Außenminister 1951 - 1955
b) Brandt, Außenminister 1966 - 1969
c) Schmidt, kurzfristige Leitung des Außenministeriums im Sept. 1982 ohne Minister zu sein
d) Schröder, Gerhard, CDU-Politiker, Außenminister 1961 - 1966

Frage 10
Richtige Antwort: b)
a) Rokoko (auch Spätbarock genannt), von 1720–80, z. B. Schloss Sanssouci, wichtige Vertreter (Malerei): Watteau, Canaletto, Tiepolo
b) Renaissance, vgl. 1, 10 b)
c) Gotik, ca. 1140–1420, wichtige Vertreter: Tilmann Riemenschneider, Veit Stoß (beides Bildhauer), Dürer, Grünewald, Giotto, van Eyck, wichtige Bauwerke: Notre Dame, Westminster Abbey, Kölner Dom, Veitsdom (Prag)
d) Barock, vgl. 1, 10 d)

Frage 11
Richtige Antwort: c)
a) Luigi Colani, deutscher Designer
b) Luc Luyckx, entwarf die Vorderseite der Euromünzen
c) Robert Kalina, öster. Designer
d) Pertti Mäkinen, entwarf die Rückseite der finn. 1 Euro Münze

★☆☆☆ **Frage 12**
Richtige Antwort: d)
a) Knesset (Israel)
b) Sejm (Polen)
c) Folketing (Dänemark)
d) Althing (Island)
Exkurs: Thing war die germ. Volks- oder Gerichtsversammlung

Frage 13 ★★☆☆
Richtige Antwort: a)
a) Frankfurt a.M., gest. in Weimar
b) Weimar, 2004 Brand der Anna-Amalia-Bibliothek
c) Berlin
d) Marbach/Neckar, **Geburtsort Schillers**, gest. in Weimar

Frage 14 ★★★★
Richtige Antwort: d)
a) Pauling (1901 – 1994), amerik. Chemiker, 1954 Nobelpreis für Chemie, 1962 Friedensnobelpreis. Neben Marie Curie einziger Preisträger in unterschiedlichen Kategorien
b) Friedensnobelpreis 1917, 1944 und 1963, vgl. 3, 4 d)
c) Gilt als Vorgängerinstitution des **UNHCR** (United Nations High Commissioner for Refugees, derzeitiger Amtsinhaber Antonio Guterres), Nobelpreis 1938, das UNHCR Nobelpreise 1954 und 1981
d) Friedensnobelpreis 1901, vgl. 3, 4 d)
Exkurs: Fridtjof **Nansen** (1861 – 1930), norweg. Polarforscher und Philanthrop, Hochkommissar des Völkerbundes, 1922 Friedensnobelpreis, sein Sohn gründete 1946 die UNICEF

Frage 15 ★★☆☆
Richtige Antwort: d)
a) Andrew Lloyd Webber, Muscialkomponist (*Evita, Cats, Starlight Express* u.a.)
b) Leonard Bernstein (1918 – 1990), vgl. 6, 3 b)
c) Benjamin Britten (1913 – 1976), vgl. 7, 3 c)
d) George Gershwin (1898 – 1937), vgl. 7, 3 a)

Frage 16 ★★★☆
Richtige Antwort: d)
a) Die Räuber, Schillers Werk über den Konflikt der Brüder Moor
b) Götz von Berlichingen, Goethes Drama über den Ritter mit der eisernen Hand

c) Die Leiden des jungen Werther, Goethes Briefroman
d) Woyzeck, Werk von **Büchner** (1813 – 1837), Uraufführung 1913 in München, wichtige Werke: *Dantons Tod, Leonce und Lena, Der Hessische Landbote* (revolutionäre Flugschrift), **Büchnerpreis** als bedeutendster deutscher Literaturpreis

★☆☆☆ **Frage 17**
Richtige Antwort: c)
a) Wolfgang Petersen, wichtige Filme: *Das Boot* (nach Lothar Günther Buchheim mit Jürgen Prochnow, Herbert Grönemeyer u.a.), *Die unendliche Geschichte* (nach Michael Ende), *Troja* (mit Brad Pitt), *Outbreak* (Dustin Hoffmann), *Der Sturm* (George Clooney), *In the Line of Fire* (Clint Eastwood),
b) Detlev Buck, wichtige Filme: *Wir können auch anders, Männerpension, Sonnenallee, Hände weg von Mississippi*
c) Tom Tykwer, Hauptrolle Franka Potente, wichtige Filme: *Der Krieger und die Kaiserin, Das Parfum*
d) Fatih Akin, wichtige Filme: *Gegen die Wand* (goldener Bär 2004), *Auf der anderen Seite*

★★☆☆ **Frage 18**
Richtige Antwort: b)
a) Friedrich Barbarossa (= Rotbart) (1122 – 1190 ertrunken während des 3. Kreuzzuges), Stauferkaiser, Konflikt mit dem Welfen **Heinrich dem Löwen**
b) Friedrich II. (1194 – 1250), der letzte Staufer, umfassend gebildet, daher Bezeichnung als ***stupor mundi*** („der die Welt in Erstaunen versetzt"), Buch über die Falkenjagd um 1234
c) Otto I. der Große (912 – 973), Dynastie der Liudolfinger, Sieg über die Ungarn auf dem **Lechfeld** 955
d) Heinrich IV. (1050 – 1106), **Investiturstreit** mit dem Papst darüber, wer die Bischöfe und Äbte einsetzt, Machtkampf zwischen Papst und Kaiser beigelegt durch Heinrichs Buße mit **Gang nach Canossa**

Frage 19
Richtige Antwort: a) ★★★☆
a) Claude Monet (1840 – 1926), Impressionismus
b) Eduard Manet (1832 – 1883), Impressionismus, wichtiges Werk: *Erschießung Kaiser Maximilians* **Exkurs: Kaiser Maximilian**, Bruder Franz Josephs von Österreich, war 1864 – 1867 von Napoleon III. als Kaiser von Mexiko installiert
c) Emil Nolde (1867 – 1956), vgl. 2, 19 b)
d) George Seurat (1859 – 1891), Begründer des Neoimpressionismus (auch **Pointillismus** wegen der punktartigen Malerei)

Frage 20 ★★★★
Richtige Antwort: d)
a) Wolfgang Matheuer, dt. Maler der Leipziger Schule
b) Neo Rauch, Maler der Neuen Leipziger Schule
c) Arno Rink, sog. Vater der Neuen Leipziger Schule, Prof. in Leipzig
d) Sigmar Polke, dt. Maler des postmodernen Realismus

Frage 21 ★★★★
Richtige Antwort: a)
a) Heinrich Heine (1797 – 1856), gilt als letzter Dichter der Romantik. Wichtigste Werke: *Die Loreley, Harzreise, Buch der Lieder, Nachtgedanken* mit dem berühmten Anfang: *Denk ich an Deutschland in der Nacht ...*
b) Joseph v. Eichendorff (1788 – 1857), Dichter der Romantik, wichtiges Werk: *Aus dem Leben eines Taugenichts*
c) Eduard Mörike (1804 – 1875), Autor des Biedermeier, wichtiges Werk: *Mozart auf der Reise nach Prag*
d) Hugo v. Hofmannsthal (1874 – 1929), österr., mit **Max Reinhardt** (Theaterregisseur) und Richard Strauss Mitbegründer der **Salzburger Festspiele** (1920 mit der Aufführung des *Jedermann* eröffnet), wichtige Werke: *Jedermann*, Libretto für *Elektra, Rosenkavalier, Ariadne auf Naxos* (alle Opern von

R. Strauss)

★☆☆☆ **Frage 22**
Richtige Antwort: d)
a) Baikalsee, tiefster See der Erde
b) Viktoriasee, größter See Afrikas
c) Michigansee, gehört zu den fünf sog. Großen Seen Nordamerikas (Eriesee, Oberer See, Ontariosee, Huronsee), die wiederum zu den größten Seen der Welt gehören
d) Kaspisches Meer, vgl. 7, 20

★★★☆ **Frage 23**
Richtige Antwort: b)
a) Günther Grass (geb. 1927), 1999 Nobelpreis für Literatur. Wichtigste Werke: *Katz und Maus, Der Butt, Im Krebsgang* (über die Versenkung der Wilhelm Gustloff), *Beim Häuten der Zwiebel* (über seine Zeit bei der Waffen-SS), *Die Blechtrommel* (als Teil der sog. Danziger Trilogie), verfilmt von Volker **Schlöndorff**. Der Film wurde 1980 mit dem Oskar ausgezeichnet.
b) Theodor Fontane (1819 – 1898), vgl. 4, 20 d)
c) Thomas Mann (1875 – 1955), vgl. 3, 12 c)
d) Theodor Storm (1817 – 1888), vgl. 4, 20 d), geb. in Husum, der *grauen Stadt am Meer*

★★☆☆ **Frage 24**
Richtige Antwort: a)
a) Olli Rehn
b) Günter Verheugen (Kommissar für Unternehmen und Industrie, Vizepräsident der Kommission)
c) Benita Ferrero-Waldner, Kommissarin für Außenbeziehungen
d) Margot Wallström, Kommissarin für institutionelle Beziehungen, Vizepräsidentin der Kommission

Frage 25
Richtige Antwort: c)   ★★☆☆
a) Anton v. Webern (1883 – 1945), Repräsentant des musikal. Expressionismus und der **Zwölftonmusik**
b) Heiner Müller (1929 – 1995), Dramatiker, <u>wichtige Werke:</u> *Die Hamletmaschine, Germania*
c) Ernst Busch (1900 – 1980), wichtiger kommunist. Schauspieler, spielte in vielen Brecht-Stücken
d) Hilde Benjamin (1902 – 1989), Justizministerin der DDR, vorher Richterin, Mitverantwortung für viele Todesurteil (daher auch ***Rote Hilde*** genannt)

Allgemeinwissen
Test 9

Frage 1
Welcher dieser deutschen Schriftsteller erhielt keinen Nobelpreis?
a) Arnold Zweig
b) Heinrich Mann
c) Günter Grass
d) Gerhard Hauptmann

Frage 2
Welcher der folgenden Komponisten schrieb kein Requiem?
a) Mozart
b) Brahms
c) Vivaldi
d) Liszt

Frage 3
Wer schuf den *Mann ohne Eigenschaften*?
a) Robert Musil
b) Klaus Mann
c) Joseph Roth
d) Hans Fallada

Frage 4
Welche der folgenden Opern ist von Mozart?
a) Idomeneo
b) L'Orfeo
c) Der Freischütz
d) Alceste

Frage 5
Welches Mozart-Jubiläum wurde im Jahr 2006 gefeiert?
a) 250. Geburtstag
b) 250. Todestag
c) 200. Todestag
d) 200. Geburtstag

Frage 6
Wie hoch ist die Zugspitze?
a) 2.962 m
b) 5.642 m
c) 4.808 m
d) 1.602 m

Frage 7
Wer malte das in den Uffizien ausgestellte Gemälde *Die Geburt der Venus*?
a) Rubens
b) Michelangelo
c) Rembrandt
d) Botticelli

Frage 8
Woher leitet sich der Name *Europa* ab?
a) Griechische Mythologie
b) Edda
c) Nibelungenlied
d) Canterbury Tales

Frage 9
Nach welcher Figur ist das EU-Flüchtlingsprogramm benannt?
a) Aeneas
b) Polykrates
c) Sokrates
d) Ariane

Frage 10
Welcher der folgenden Maler gehörte der Stilrichtung *Neue Sachlichkeit* an?
a) Emil Nolde
b) Otto Dix
c) Max Liebermann
d) Max Ernst

Frage 11
Wer gestaltete den *Isenheimer Altar*?
a) Tilman Riemenschneider

b) Ernst Barlach
c) Mathias Grünewald
d) Albrecht Dürer

Frage 12
Welches der folgenden Länder hat die höchste Einwohnerzahl?
a) Iran
b) Deutschland
c) Nigeria
d) Mexiko

Frage 13
Wie viele deutsche Auslandsvertretungen gibt es?
a) 186
b) 228
c) 165
d) 123

Frage 14
Was ist kein Nachbarland Iraks?
a) Iran
b) Jordanien
c) Oman
d) Saudi-Arabien

Frage 15
Wodurch wurde Nam June Paik berühmt?
a) Kunst
b) Literatur
c) Musik
d) Politik

Frage 16
Welcher Schriftsteller hätte 2006 seinen 400. Geburtstag begangen?
a) Gotthold Ephraim Lessing
b) Andreas Gryphius
c) Voltaire
d) Pierre Corneille

Frage 17
Wo fand die Uraufführung von Schillers *Die Räuber* statt?
a) Mannheim
b) Berlin
c) Weimar
d) Jena

Frage 18
Welche Kunst beherrschte Orpheus gem. der griechischen Mythologie?
a) Singen
b) Tanzen
c) Kämpfen
d) Weissagen

Frage 19
Wie viele Ausländer leben in Deutschland?
a) 3,3 Mio.
b) 5,3 Mio.
c) 7,3 Mio.
d) 9,3 Mio.

Frage 20
Aus welchem Land kommen am wenigsten Studenten nach Deutschland?
a) Russland
b) China
c) Bulgarien
d) Polen

Frage 21
Wer entwarf die sog. *Welthauptstadt Germania*?
a) Albert Speer
b) Arno Breker
c) Hermann Göring
d) Fritz Todt

Frage 22
Welcher der folgenden Musiker gehört nicht zu den Rolling Stones?

a) Keith Richards
b) Keith Jarrett
c) Ronnie Wood
d) Charlie Watts

Frage 23
Welcher der folgenden Künstler(in) ist ein(e) Vertreter(in) des epischen Theaters?
a) Erwin Piscator
b) Max Reinhardt
c) Stanislawski
d) Pina Bausch

Frage 24
Wer inszenierte 2007 im Teatro Amazonas in Manaus die Wagner Oper „Der Fliegende Holländer"?
a) Leander Haussmann
b) Tankred Dorst
c) Christoph Schlingensief
d) Katharina Wagner

Frage 25
Welchen Krieg führten El Salvador und Honduras 1969 gegeneinander?
a) Salpeterkrieg
b) Rosenkrieg
c) Sezessionskrieg
d) Fußballkrieg

Lösungen Test 9

Frage 1 ★★★★
Richtige Antworten: a) und d)
a) Arnold Zweig (1887–1968), <u>wichtiges Werk:</u> Romanzyklus über den 1. WK *Der große Krieg der weißen Männer*
b) Heinrich Mann (1871–1950), älterer Bruder von Thomas Mann. <u>Wichtigste Werke:</u> *Der Untertan, Die Jugend und die Vollendung des Königs Henri Quatre, Professor Unrat* (verfilmt von Josef von Sternberg mit **Marlene Dietrich** und Emil Jannings in den Hauptrollen. Titel: *Der blaue Engel*)
c) Günther Grass (geb. 1927), vgl. 8, 23 a)
d) Heinrich Heine (1797–1856), vgl. 8, 21 a)
Exkurs: Die ersten Nobelpreise wurden 1901 verliehen. Seit 1969 gibt es den Nobelpreis im Bereich Wirtschaftswissenschaften. Der **Friedensnobelpreis** wird in Norwegen verliehen (durch ein vom norwegischen Parlament, dem Storting, gewählten Komitee), die übrigen Preise werden in Schweden verliehen.

Frage 2
Richtige Antwort: c)
a) Mozart (1756–91), Requiem (von Mozart unvollendet), vgl. 3, 15 c)
e) Brahms (1833–97), *Ein deutsches Requiem,* vgl. 1, 7 b)
c) Vivaldi (1678–1741), <u>Wichtigstes Werk:</u> *Die vier Jahreszeiten*
d) Liszt (1811–86). Sein Requiem ist relativ unbekannt. <u>Wichtige Werke:</u> *Ungarische Rhapsodien, Transkriptionen für Klavier von Werken Beethovens, Wagners u.a., Faust Sinfonie, Les Préludes*
Exkurs: Liszts **Tochter Cosima** verließ ihren Mann, den Dirigenten Hans von Bülow, um Richard Wagner zu heiraten.

★★★☆ **Frage 3**
Richtige Antwort: a)
a) Robert Musil (1880–1942) österr. Schriftsteller, <u>wichtiges Werk:</u> *Die Verwirrungen des Zöglings Törleß*
b) Klaus Mann (1906–49), Sohn von Thomas und Bruder von Erika und Golo. <u>Wichtigstes Werk:</u> *Mephisto* (verfilmt von Istvan Szabo mit **Klaus Maria Brandauer**. Der Film erhielt 1982 den Oscar)
c) Joseph Roth (1894–1939), <u>wichtige Werke:</u> *Das Spinnennetz, Hotel Savoy, Hiob, Radetzkymarsch, Die Kapuzinergruft, Die Legende des heiligen Trinkers*
d) Hans Fallada (1893–1947), <u>wichtiges Werk:</u> *Kleiner Mann - was nun?*

★★☆☆ **Frage 4**
Richtige Antwort: a)
a) Idomeneo
b) L'Orfeo, Oper von **Monteverdi** (1567–1643), gilt als Schöpfer der Oper. Sein Werk ist zwischen Renaissance und Barock einzuordnen.
c) Der Freischütz von **Carl Maria von Weber** (1786–1826)
d) Alceste von **Christoph Willibald Gluck** (1714–87) <u>Weiteres Werk:</u> Orpheus und Euridike

Frage 5
Richtige Antwort: a)
a) 250. Geburtstag (geb. 1756)
b) 250. Todestag
c) 200. Todestag (gest. 1806) z.B. Karoline von **Günderode**, Dichterin der Romantik
d) 200. Geburtstag (geb. 1806) z.B. **Max Stirner**, deutscher Philosoph, Verfechter eine konsequenten Individualität (<u>Werk:</u> *Der Einzige und sein Eigentum*)

★★☆☆ **Frage 6**
Richtige Antwort: a)
a) 2.962 m
b) 5.642 m (Elbrus, höchster Berg des Kaukasus)

c) 4.808 m (Montblanc, höchster Berg Europas)
d) 1.602 m (Schneekoppe, höchster Berg des Riesengebirges)
Exkurs: Als **Seven summits** werden die sieben höchsten Gipfel der Kontinente bezeichnet. Das sind: Kilimandscharo (Afrika oder Kibo als höchster Gipfel des Kilimandscharo Massivs), Mount Vinson (Antarktis), Mount Everest (Asien), Mount Kosciuszko und Carstensz Pyramid (Australien und Ozeanien, Carstensz Pyramid höher, gehört zu Indonesien, Neuguinea), Mont Blanc (Europa), Denali (gen. Mount McKinley, Nordamerika), Aconcagua (Südamerika)
Exkurs: Neuguinea nach Grönland die zweitgrößte Insel der Welt

Frage 7
Richtige Antwort: d)
a) Rubens (1577–1640), vgl. 3, 14 e)
b) Michelangelo (1475–1564) vgl. 3, c)
c) Rembrandt (1606–69), niederländischer Maler des Barock. Wichtiges Werk: *Die Nachtwache*
d) Botticelli (1445–1510)

Frage 8 ★★☆☆
Richtige Antwort: a)
a) Griechische Mythologie: Der Sage nach entführte Zeus in Gestalt eines Stieres die Königstochter Europa nach Kreta, wo er sie verführte
b) Edda, nordische Götter- und Heldendichtung aus dem Mittelalter
c) Nibelungenlied mittelalterliches Heldenepos mit Siegfried als Held. Siegfried wird von Hagen von Tronje ermordet. Siegfrieds Witwe Kriemhild sinnt auf Rache. Folge ist ein großes Blutbad am Hofe von Kriemhilds neuem Gemahl Etzel
d) Canterbury Tales, englische mittelalterliche Prosaerzählungen von **Geoffrey Chaucer**

Frage 9 ★★☆☆
Richtige Antwort: a)
a) Aeneas (Figur der griechischen Mythologie, Aeneas

flieht aus Troja)
b) Polykrates antiker Tyrann auf der griech. Insel Samos. Unsterblich durch die Ballade von **Schiller** *Der Ring des Polykrates*
c) Sokrates (469–399 v. Chr.), grundlegender griech. Philosoph. Wegen Verweigerung eines Befehls der Oligarchen Tod durch Leeren des **Schierlingsbechers**. Wichtige Schüler waren der Historiker Xenophon und der Philosoph Platon
d) Ariane, europäische Trägerrakete der ESA, European Space Agency, seit 1996 im Einsatz, wird aus Kourou in Franz. Guayana (Südamerika) gestartet

★★★★ **Frage 10**
Richtige Antwort: b)
a) Emil Nolde (1867–1956), Vertreter des Expressionismus, vgl. 2, 19 b)
b) Otto Dix (1891–1969)
c) Max Liebermann (1847–1935), Vertreter des deutschen Impressionismus zusammen mit Max Slevogt und Lovis Corinth, Präsident der *Berliner Secession*, einer Künstlervereinigung Ende 19., Anfang 20. Jhdt. mit den seinerzeit modernsten Künstlern
d) Max Ernst (1891–1976), Vertreter des Surrealismus

★★★☆ **Frage 11**
Richtige Antwort: c)
a) Tilman Riemenschneider (1460–1531) Bildhauer der Spätgotik/Renaissance
b) Ernst Barlach (1870–1938), Bildhauer. Wichtiges Werk: *Der Buchleser*
c) Mathias Grünewald (1475–1528), Maler der Renaissance
d) Albrecht Dürer (1471–1528), vgl. 2, 19 e)

★☆☆☆ **Frage 12**
Richtige Antwort: c)
a) Iran 62,5 Mio.
b) Deutschland 82 Mio.

c) Nigeria 135 Mio.
d) Mexiko 109 Mio.

Frage 13 ★☆☆☆
Richtige Antwort: b)

Frage 14 ★★★☆
Richtige Antwort: c)
Irak grenzt an Iran, Türkei, Jordanien, Saudi-Arabien und Kuwait

Frage 15
Richtige Antwort: a)
a) Kunst
b) Musik
c) Literatur
d) Politik
Begründer der Video- und Medienkunst, stammt aus Korea, lebte in den USA.

Frage 16 ★☆☆☆
Richtige Antwort: d)
a) Gotthold Ephraim Lessing (1729–81), Dichter der Aufklärung. Wichtige Werke: Minna von Barnhelm, Nathan der Weise, Emilia Galotti, vgl. 6, 7 c)
b) Andreas Gryphius (1616–64), deutscher Barockdichter
c) Voltaire (1694-1778), vgl. 2, 4 f)
d) Pierre Corneille (1606–84). Neben **Racine** der bedeutendste Dramatiker der französischen Klassik. Berühmtes Werk: Le Cid

Frage 17 ★★☆☆
Richtige Antwort: a)
Uraufführung 1782
Exkurs: Schiller wurde 1759 in Marbach geboren und ist 1805 in Weimar gestorben. Er ist neben Goethe, Herder und Wieland der wichtigste Vertreter der Weimarer Klassik.

★☆☆☆ **Frage 18**
Richtige Antwort: a)
Exkurs: Eurydike, Orpheus Frau, stirbt. Er steigt in die Unterwelt, den **Hades**, und rührt die Götter durch seinen Gesang. Eurydike darf zurück ins Leben unter der Bedingung, dass Orpheus sich auf dem Weg nicht umschaut, was er aber tut.

★★☆☆ **Frage 19**
Richtige Antwort: c)

Frage 20
Richtige Antwort: a)
Poln. Studenten stellen die größte Gruppe

★☆☆☆ **Frage 21**
Richtige Antwort: a)
a) Albert Speer (1905–81), Rüstungsminister der Nazis, saß bis 1966 in Haft in Berlin-Spandau.
Exkurs: In Berlin-Spandau saß auch Rudolf Heß bis 1987 ein (Selbstmord), nach dessen Tod wurde das Gefängnis abgerissen
b) Arno Breker (1900–91), Bildhauer der NS Zeit
c) Hermann Göring, führender Nazi, vom NS-Kriegsverbrechertribunal in Nürnberg zum Tode verurteilt, in der Haft Selbstmord
d) Fritz Todt, Leiter des NS-Straßenbaus (Organisation Todt)

★☆☆☆ **Frage 22**
Richtige Antwort: b)
Keith Jarrett, Pianist, Vertreter des Free Jazz

★★★☆ **Frage 23**
Richtige Antwort: a)
a) Erwin Piscator (1893–1966), zus. mit Brecht Gründer des Proletarischen Theaters
b) Max Reinhardt (1873–1943), Mitbegründer der Salzburger Festspiele, deutscher Regisseur (Berlin)
c) Stanislawski (1863–1938), wichtiger russ. Theaterregisseur – und theoretiker

d) **Pina Bausch**, Leiterin und Begründerin des Tanztheaters Wuppertal, Vertreterin des new dance, Tänzerin und Choreographin
Exkurs: Episches Theater in den zwanziger Jahren von Brecht und Piscator entwickelt

Frage 24 ★☆☆☆
Richtige Antwort: c)
a) Leander Haussmann, Film- und Theaterregisseur
b) Tankred Dorst, Schriftsteller und Regisseur
c) Christoph Schlingensief, Skandalregisseur
d) Katharina Wagner, Opernregisseurin, Tochter von Wolfgang Wagner, dem Leiter der Bayreuther Festspiele

Frage 25 ★☆☆☆
Richtige Antwort: d)
a) Salpeterkrieg (1879–83): Chile gegen Peru und Bolivien um die Salpetervorkommen in der Wüstenregion Atacama,
b) Rosenkrieg (1455–85), engl. Thronfolgekrieg der Hause York und Lancaster
c) Sezessionskrieg – amerik. Bürgerkrieg (1861–65), zwischen den Nord- und Südstaaten. Die Wahl des Sklavereigegners A. Lincoln zum Präsidenten der USA löste den Austritt (Sezession) der Südstaaten aus der Union aus. Diese schlossen sich unter Präsident J. Davis zu den **Konföderierten Staaten von Amerika** zusammen (1861; Hauptstadt Richmond).
d) Fußballkrieg (1969), Auslöser waren Ausschreitungen nach einem WM Qualifikationsspiel, wahrer Hintergrund waren Probleme mit Wirtschaftsflüchtlingen aus El Salvador

Allgemeinwissen
Test 10

Frage 1
Wann nahmen die BRD und die DDR gemeinsam als eine deutsche Mannschaft an Olympischen Spielen teil?
a) 1956 – 1964
b) 1948 – 1952
c) 1952 – 1956
d) 1952 - 1960

Frage 2
Wer schrieb *Eugen Onegin*?
a) Dostojewski
b) Tschechow
c) Puschkin
d) Gontscharow

Frage 3
Nach welcher Person ist der Caprivi-Zipfel benannt?
a) Nach einem Kommandeur der kaiserlich deutschen Schutztruppe in Deutsch-Südwestafrika
b) Nach dem Kommandeur der deutschen Schutztruppe in Deutsch-Ostafrika im ersten Weltkrieg
c) Nach dem Begründer der Kolonie Deutsch-Südwestafrika
d) Nach einem Reichskanzler am Ende des 19. Jhdts.

Frage 4
Welche der folgenden ist keine moderne Hauptstadt?
a) Timbuktu
b) Bandar Seri Begawan
c) Antananarivo
d) Ougadogou

Frage 5
In welcher Stadt steht die Brücke über die Drina?
a) Istanbul
b) Visegrad
c) Mostar

d) Zagreb

Frage 6
Was ist der Sachsenspiegel?
a) Sog. Grundgesetz des Heiligen Römischen Reiches
b) Rechtsbuch des Mittelalters
c) Mittelalterl. Liederhandschrift
d) Sammlung röm. Rechts

Frage 7
Wo wird der Karlspreis verliehen?
a) Berlin
b) Darmstadt
c) Frankfurt
d) Aachen

Frage 8
In welchem Land wird der *Praemium imperiale* vergeben?
a) Finnland
b) Japan
c) Italien
d) Frankreich

Frage 9
Welcher folgende deutsche Film hat keinen Oskar erhalten?
a) Nirgendwo in Afrika
b) Blechtrommel
c) Das Boot
d) Das Leben der Anderen

Frage 10
Welches ist die verbreitetste Minderheitensprache in D?
a) Sorbisch
b) Dänisch
c) Niederdeutsch
d) Niederfriesisch

Frage 11
Wer war kein Mitglied der Künstlergruppe *Brücke*?

a) Kirchner
b) Nolde
c) Schmidt-Rotluff
d) Schiele

Frage 12
In welchem Ort wurde Henry Kissinger geboren?
a) Fürth
b) Heidelberg
c) Rothenburg
d) Dresden

Frage 13
Welcher der folgenden ist kein Apostel?
a) Paulus
b) Petrus
c) Bartholomäus
d) Matthäus

Frage 14
Woher stammt das Zitat: *Die Axt im Haus erspart den Zimmermann*?
a) Faust
b) Die Verschwörung des Fiesco zu Genua
c) Wilhelm Tell
d) Hamlet

Frage 15
Welches waren die Lieblingsmaterialien von Joseph Beuys?
a) Fett und Filz
b) Fett und Müll
c) Papier und Fett
d) Ölfarbe und Honig

Frage 16
Wer schrieb die *Summa Theologica*?
a) Augustinus
b) Thomas v. Aquin
c) Albertus Magnus
d) Philipp Melanchthon

Frage 17
Wer schrieb *Biedermann und die Brandstifter*?
a) Handke
b) Frisch
c) Andersch
d) Böll

Frage 18
Welche Gruppe ist keine muslimische?
a) Aleviten
b) Ismailiten
c) Kopten
d) Drusen

Frage 19
Welche Opern-/Operetten-/Musicalinszenierung wurde aus Angst vor muslimischen Reaktionen gestoppt und dann doch in Deutschland 2006 aufgeführt?
a) Sound of Music
b) Idomeneo
c) Orpheus in der Unterwelt
d) Falstaff

Frage 20
Von wem ist das *Höhlengleichnis*?
a) Jesus
b) Descartes
c) Aristoteles
d) Platon

Frage 21
Welches ist nach Russland das größte Land der Erde?
a) USA
b) China
c) Kanada
d) Brasilien

Frage 22
Wer ist der Architekt des Bundestagsumbaus?
a) Ungers

b) Foster
c) von Gerkan
d) Johnson

Frage 23
Wer hat den deutschen Buchpreis 2006 erhalten?
a) Katharina Hacker
b) Oskar Pastior
c) Wolf Lepenies
d) Peter Esterhazy

Frage 24
Welche dieser Figuren entstammt nicht der *Odyssee* Homers?
a) Skylla und Charybdis
b) Calypso
c) Die Sirenen
d) Das goldene Vlies

Frage 25
Welcher dieser Schauspieler war *Citizen Kane*?
a) Humphrey Bogart
b) Clark Gable
c) Orson Welles
d) James Stewart

Lösungen Test 10

Frage 1 ★☆☆☆
Richtige Antwort: a)
1948 (London und St. Moritz) war Deutschland nicht eingeladen, 1952 nahm nur eine westdeutsche Mannschaft teil
Exkurs: 1952 nahm das Saarland mit einer eigenständigen Mannschaft an Olympia teil

Frage 2 ★★☆☆
Richtige Antwort: c)
a) Dostojewski (1821 – 1861), vgl. 2, 14 f)
b) Tschechow (1860 – 1904), Schriftsteller und Dramatiker, wichtige Dramen: *Die Möwe, Onkel Wanja, Der Kirschgarten, Drei Schwestern*
c) Puschkin (1799 – 1837) russischer Nationaldichter, wichtigte Werke: *Ruslan und Ljudmila* (als Oper vertont von **Glinka**), *Eugen Onegin* (von Tschaikowksi als Oper vertont), *Boris Godunow* (von Mussorgski als Oper vertont)
d) Gontscharow (1812 – 1891), Berühmt durch seinen Roman *Oblomow* (sprichwörtlich **Oblomowerei** für Nichtstun)

Frage 3
Richtige Antwort: d)
a) Bekannter Kommandeur war Anfang des 20. Jhdts. General v. Trotha, der 1904 den **Hereroaufstand** niederschlug
b) Dieser Kommandeur hieß **Paul v. Lettow-Vorbeck**
c) Der Begründer hieß **Adolf Lüderitz**, Inbesitznahme großer Ländereien durch den Kaufmann seit 1883
d) Leo v. Caprivi, Nachfolger Bismarcks als Reichskanzler (1890 – 1894), Annäherung an GB durch den Helgoland-Sansibar Vertrag 1890
Exkurs: Der Caprivi-Zipfel ist Teil der ehemaligen dt. Kolonie Deutsch-Südwestafrika, jetzt Namibia (von 1920 bis 1990 unter südafrikanischer Verwaltung)

★☆☆☆ **Frage 4**
Richtige Antwort: a)
a) Timbuktu, Stadt im westafrikanischen Mali
b) Bandar Seri Begawan, bis 1970 **Brunei**, Hauptstadt von Brunei
c) Antananarivo, Hauptstadt Madagaskars
d) Ouagadougou, Hauptstadt von Burkina Faso, dem ehemaligen Obervolta

★☆☆☆ **Frage 5**
Richtige Antwort: b)
a) Istanbul besitzt zwei Brücken über den Bosporus als Verbindung zwischen Europa und Asien
b) Visegrad in Bosnien-Herzegowina, die Brücke ist Weltkulturerbe, **Ivo Andric** Nobelpreisträger für Literatur (1961) beschreibt die Brücke in seinem Roman *Die Brücke über die Drina*
c) Mostar, größte Stadt der Herzegowina mit dem Wahrzeichen der **Alten Brücke** (*Stari most*). Die Brücke wurde im Bosnienkrieg stark beschädigt und gehört zum Weltkulturerbe
d) Zagreb, Hauptstadt Kroatiens (österr. Agram), mehrere Brücken über die Save

★★☆☆ **Frage 6**
Richtige Antwort: b)
a) Goldene Bulle von 1356, vgl. 5, 22 c)
b) Ältestes Rechtsbuch des deutschen Mittelalters von Eike von Repgow zw. 1220 und 1235 verfasst
c) Berühmteste Liederhandschrift des MA ist der **Codex Manesse** (*Manessische Liederhandschrift*, u.a. mit Minneliedern von Walther von der Vogelweide) um 1300
d) Sammlung des römischen Rechts, **Corpus Iuris Civilis**, 528 – 542 durch Kaiser Justinian I. (byzantinischer Kaiser verheiratet mit Theodora) zusammengestellt, entwickelte sich zur Grundlage der Rechtsordnung in weiten Teilen Europas

★★★☆ **Frage 7**
Richtige Antwort: d)

a) In Berlin wird z.B. bei den Filmfestspielen der *Goldene Bär* vergeben
b) In Darmstadt wird z.B. der **Büchnerpreis** verliehen
c) In Frankfurt wird z.B. der *Deutsche Buchpreis* verliehen
d) Preis der Stadt Aachen für die Verdienste um die europäische Einigung, benannt nach Karl dem Großen. Preisträger u.a.: Angela Merkel (2008), Javier Solana (2007), der Euro (2002), Bill Clinton (2000), außerordentlicher Karlspreis 2004 an Papst Johannes Paul II.
Exkurs: Karl der Große (bis 814, Kaiserkrönung 800), Sohn Pippins des Jüngeren und Enkel Karl Martells (gen. *der Hammer*, weil dieser 732 bei Tours und Poitiers die Araber schlug), Einiger des Reichs. Beigesetzt in Aachen.

Frage 8 ★★★☆
Richtige Antwort: b)
a) Finnland, in Helsinki wird z.b. seit 2004 der ***Millenium Technologiepreis*** für technologische Innovationen verliehen
b) Japan, gilt als Nobelpreis der Künste, seit 1989 gestiftet vom japan. Kaiserhaus, Preisträger waren z.B. **Baselitz** (2004), **Kiefer** (1999, dt. Maler), **Richter** (1997, dt. Maler, wichtiges Werk: *Zyklus 18. Oktober 1977* zum Tod der RAF Häftlinge in Stammheim)
Exkurs: Baselitz, dt. Maler (geb. 1938), Vertreter des Neoexpressionismus mit auf dem Kopf stehenden Motiven
c) Italien, z.B. in Venedig wird bei den Filmfestspielen der *Goldene Löwe* verliehen
d) Frankreich, z.B. bei den Filmfestspielen in Cannes wird die *Goldene Palme* verliehen

Frage 9 ★★☆☆
Richtige Antwort: c)
a) *Nirgendwo in Afrika* von Caroline Link (Oscar 2002)
b) *Blechtrommel* von Volker Schlöndorff (Oscar 1979)
c) *Das Boot*

d) *Das Leben der Anderen* von Florian Henckel von Donnersmarck mit Ulrich Mühe (Oscar 2007)
Exkurs: 2008 Oscar für die deutsch/österreichische Produktion *Die Fälscher*

Frage 10
Richtige Antwort: c)
a) Sorbisch ist verbreitet in der Lausitz
b) Dänisch, Minderheit in Schleswig Holstein
c) Niederdeutsch ist in Norddeutschland verbreitet
d) Niederfriesisch (Friesland)
Exkurs: Die europäische Charta zum Schutz der Regional- oder Minderheitensprachen des Europarates ist seit 1999 in Kraft. 2008 ist das **Internationale Jahr der Sprachen**

★★★★ **Frage 11**
Richtige Antwort: d)
a) Kirchner (1880 – 1938), Maler des Expressionismus. 1905 in Dresden Zusammenschluss mit den Malern Heckel, Bleyl und Schmidt-Rotluff zur Künstlergruppe *Brücke*. 2006 in den Schlagzeilen wegen der umstrittenen Rückgabe des Bildes *Berliner Straßenszene*
b) Nolde (1867 – 1956), vgl. 2, 19 b)
c) Schmidt-Rotluff (1884 – 1976), Expressionismus
d) Schiele (1890 – 1918) österr. Maler des Expressionismus

Frage 12
Richtige Antwort: a)
1973 Friedensnobelpreis, von 1973 – 1977 US-Außenminister
Exkurs: Der dienstälteste Außenminister war von 1957 – 1985 bisher Andrej **Gromyko** (UdSSR)

Frage 13
Richtige Antwort: a)
Exkurs: Die zwölf Apostel sind die von Jesus zur Verkündung seiner Lehren ausgewählten Jünger: Petrus, Andreas, Jakobus der Ältere (Jakobus Zebedäi),

Johannes, Philippus, Bartholomäus, Matthäus, Thomas, Jakobus der Jüngere (Jakobus Alphäi), Thaddäus, Simon und Judas, nach dessen Verrat Matthäus hinzugewählt wurde

Frage 14 ★★☆☆
Richtige Antwort: c)
a) Faust, Goethes Meisterwerk
b) Verschwörung des Fiesco, Drama von Schiller u.a. mit: *Der Mohr hat seine Schuldigkeit getan*
c) Wilhelm Tell, Schiller, vorangehend: *Früh übt sich, was ein Meister werden will*
d) Hamlet, Shakespeare u.a. mit: *Der Rest ist Schweigen; Sein oder Nichtsein, das ist hier die Frage*

Frage 15 ★☆☆☆
Richtige Antwort: a)
Exkurs: Beuys (1921 – 1986) deutscher Fluxus-Aktionskünstler

Frage 16 ★★★☆
Richtige Antwort: b)
a) Augustinus (354 – 430) Kirchenvater und Bischof, wichtige Werke: *Confessiones, De Civitate Dei* (Über den Gottesstaat)
b) Thomas v. Aquin (1225 – 1274), bedeutender Philosoph und Theologe des Mittelalters
c) Albertus Magnus (1200 – 1280), Naturforscher, Philosoph und Theologe, Lehrer von Thomas v. Aquin, Bischof
d) Philipp Melanchthon (1497 – 1560) engster Mitarbeiter Luthers
Exkurs: Martin Luther (1483 – 1546), geb. und gest. in Eisleben, Reformator, 95 Thesen zum Ablass in Wittenberg (1517), Verhängung der Reichsacht gegen ihn, Bibelübersetzung als Junker Jörg auf der Wartburg bei Eisenach

Frage 17 ★★★☆
Richtige Antwort: b)

a) Handke, österr. Autor, wichtige Werke: *Publikumsbeschimpfung, Die Angst des Tormanns beim Elfmeter*
b) Frisch (1911 – 1991), schweiz., wichtige Werke: *Mein Name sei Gantenbein, Andorra, Stiller, Homo faber*
c) Andersch (1914 – 1980), vgl. 5, 4 d)
d) Böll (1917 – 1985), vgl. 5, 4 b)

★☆☆☆ **Frage 18**
Richtige Antwort: c)
a) Aleviten, schiitische Religionsgemeinschaft, inbes. in der Türkei verbreitet (dortige Mehrheit: **Sunniten**)
b) Ismailiten, schiitische Glaubensgemeinschaft mit dem **Aga Khan** als geistl. Oberhaupt
c) Kopten, orthodoxe Christen in Ägypten
d) Drusen, arabische religiös-ethnische Gemeinschaft im Islam, insbes. in Syrien

★★☆☆ **Frage 19**
Richtige Antwort: b)
a) *Sound of Music*, Musical von Rodgers und Hammerstein über eine österr. Familie, die nach dem Einmarsch deutscher Truppen in die Schweiz flieht
b) *Idomeneo*, Oper von Mozart
c) *Orpheus in der Unterwelt*, Operette von Jacques Offenbach (1819 – 1880), weitere wichtige Werke: *Hoffmanns Erzählungen, Pariser Leben*
d) *Falstaff*, Oper von Verdi

★★☆☆ **Frage 20**
Richtige Antwort: d)
a) Jesus
b) Descartes (1596 – 1650), vgl. 6, 6 b)
c) Aristoteles (384 – 322 v. Chr.), Schüler Platons, grundlegend zur Logik. Der Mensch als *Zoon politikon*, als Gemeinschaftswesen. Wichtiges Werk: *Die nikomachische Ethik*
d) Platon (427 – 347 v. Chr.), vgl. 1, 2 d)

Frage 21
Richtige Antwort: c)

Frage 22 ★★☆☆
Richtige Antwort: b)
a) Ungers, wichtiger Bau: Dt. Botschaft Washington
b) Foster
c) von Gerkan, wichtiger Bau: Hauptbahnhof Berlin
d) Johnson, amerik. Architekt

Frage 23 ★☆☆☆
Richtige Antwort: a)
a) Katharina Hacker mit ihrem Roman *Die Habenichtse* (Preisträgerin 2007 Julia Franck mit *Die Mittagsfrau*)
b) Oskar Pastior, war Preisträger des Büchner Preises 2006 (2007 Martin Mosebach, wichtiges Werk: *Der Mond und das Mädchen*)
c) Wolf Lepenies, war 2006 Träger des Friedenspreises des Deutschen Buchhandels (Preisträger 2007 Saul Friedländer für das Erzählen über die Geschichte der Shoah)
d) Peter Esterhazy, ungar. Schriftsteller, wichtiges Werk: *Harmonia Caelestis*

Frage 24 ★☆☆☆
Richtige Antwort: d)
a) Skylla und Charybdis, zwei Ungeheuer auf beiden Seiten der Meerenge von Messina, kommen auch in der **Argonautensage** vor (s. d)
b) Calypso, Nymphe und Tochter des Atlas, sie liebt Odysseus
c) Die Sirenen, Fabelwesen, die durch Gesang Seefahrer anlocken. Odysseus ließ sich an den Mast seines Schiffes binden, seine Leute verstopften sich die Ohren mit Wachs
d) Das goldene Vlies, Fell des goldenen Widders Chrysomeles. **Jason** begibt sich auf die Reise nach **Kolchis** mit seinem Schiff Argo und raubt das Vlies

Frage 25 ★★☆☆
Richtige Antwort: c)

a) Humphrey Bogart, wichtige Filme: *Casablanca* (mit Ingrid Bergmann), *Die Spur des Falken, African Queen* (mit Katharine Hepburn), *Sabrina* (mit Audrey Hepburn)
b) Clark Gable, wichtiger Film: *Vom Winde verweht* (mit Vivien Leigh, nach dem Sezessionskriegs-Epos von **Margaret Mitchell**)
c) Orson Welles
d) James Stewart, wichtiger Film: *Fenster zum Hof* (Regie: Alfred Hitchcock)